www.ingramcontent.com/pod-product-compliance
Lightning Source LLC
LaVergne TN
LVHW010828051026
849532LV00007B/2649
* 9 7 8 9 3 5 8 7 2 8 4 5 3 *

جلیل قدوائی کے کچھ

علمی تجزیے

(مضامین)

جلیل قدوائی

Jaleel Qidwai ke kuch Ilmi tajziye

by: Jaleel Qidwai

Edition: September '2024

Publisher :

Taemeer Publications LLC (Michigan, USA / Hyderabad, India)

ISBN 978-93-5872-845-3

کتاب	:	**جلیل قدوائی کے کچھ علمی تجزیے**
مصنف	:	**جلیل قدوائی**
صنف	:	غیر افسانوی نثر
ناشر	:	تعمیر پبلی کیشنز (حیدرآباد، انڈیا)
سالِ اشاعت	:	۲۰۲۴ء
صفحات	:	۱۰۸
سرورق ڈیزائن	:	تعمیر ویب ڈیزائن

فہرست

جلیل صاحب ایک طرف نظر متوازن، رائے صائب اور دماغ بڑا سلجھا ہوا رکھتے ہیں اور دوسری طرف خود بھی صحیح، شستہ، شگفتہ اُردو نگارش پر قادر ہیں۔ نتیجہ یہ ہے کہ وہ جو کچھ لکھتے ہیں پڑھنے کے قابل ہوتا ہے اور ان کی تحریریں پڑھ کر کبھی افسوس نہیں ہوتا کہ وقت ان کے پڑھنے میں خواہ مخواہ ضائع ہوا۔ یہ داد کوئی معمولی داد نہیں.... انھیں یہ نہیں آتا کہ اپنی ہاں کی ہر چیز کو مغرب ہی کی عینک سے دیکھیں اور مغرب کے غیر منہضم خیالات کو بے تحاشہ اگلنا شروع کر دیں۔ وہ ایم اے ہونے کے باوجود غیروں کے ہاتھ بک نہیں گئے ہیں۔ خود دار ہیں۔ اپنا ذاتی ذوق اور مشرقی شعور رکھتے ہیں....

—— عبدالماجد دریا بادی

ان کا علمی اور ادبی شوق ایک مدت سے جاری ہے۔ وہ شاعر، انشا پرداز، افسانہ نویس، مترجم، نقاد سبھی کچھ ہیں اور ہر کام انھوں نے شوق اور سلیقے اور تن دہی سے کیا اور ادبی حلقوں میں سراہا گیا۔

—— بابائے اردو

بابائے اُردو کی خط نگاری

بابائے اردو کو صرف ایک مصنّف، مؤلف یا اہل قلم کی حیثیت سے جانچنا ان کے مرتبہ کو گھٹانا یا اُن کی قدر و قیمت کو گرانا ہی نہیں اُن کے مرتبہ اور ان کی حقیقی قدر و قیمت سے ناواقفیت کا بھی ثبوت دینا ہے۔ انھیں سب سے زیادہ ایک عظیم الشان ثقافتی تحریک کے علم بردار، ایک بڑے قومی کارکن، اُردو زبان کے ایک زبردست خدمت گزار، محقق، مبلّغ، محافظ اور مشتہر کی حیثیت سے جانچنا چاہیئے۔ جس نے اُردو پر جو ہندوستانی مسلمانوں میں ایک علیحدہ قومیت کا احساس پیدا کرنے کا سب سے پہلا اور سب سے بڑا سبب بنی، ہر وار کو اپنے سینے پر لیا، ہر موقع پر اسے آگے بڑھایا، اسے آگے بڑھانے کے لئے مواقع نکالے اور ان مواقع سے اُسے فائدہ پہنچایا، جس نے انھیں اغراض کی خاطر ملک کا چپہ چپہ چھان مارا اور غریبوں کے ساتھ رہ کر ہو یا نوابوں اور مہاراجوں کے پاس بیٹھ کر، دیسی بھائیوں کو ساتھ لے کر ہو یا یورپین اور دوغلی نسل کے لوگوں کی امداد سے، خط و کتابت سے ہو یا زبانی گفتگو سے، انفرادی بات چیت سے ہو یا کانفرنسوں اور جلسوں سے، غرض جس

نے اُٹھتے بیٹھتے، سوتے جاگتے اُردو کے لئے کام کیا، جس کا اوڑھنا بچھونا، جس کی زندگی، جس کی دنیا اُردو اور صرف اُردو تھی اور جس کی ہر دلچسپی کا سرا اُردو سے جا ملتا ہے۔" مکتوبات عبدالحق" کے ہر ہر خط کی ہر ہر سطر سے بابائے اُردو کے متعلق مندرجۂ بالا دعوؤں کی تائید بلکہ تصدیق ہو گی۔

بابائے اُردو کو عموماً بد دماغ، خودرائے اور لڑاکا سمجھا جاتا ہے، جو کسی کے ساتھ مل کر کام نہیں کر سکتے اور ذرا سی مخالف بات سن کر عمر بھر کے ساتھیوں سے طوطا چشمی کا برتاؤ کرتے بلکہ ہمیشہ کے لئے قطع تعلق کر لیتے تھے۔ واللہ کہ ان خطوط سے پتہ چلے گا کہ اس کے برعکس وہ قابل اور ذمہ دار اہلِ رائے اور اہلِ قلم کی معاونت، مشاورت، مفاہمت، تائید، امداد اور اعتماد حاصل کرنے کے لئے دل و جان سے کوشاں بلکہ بے چین و مضطرب رہتے تھے، نیز انھوں نے جتنے بڑے کام کئے، اُن میں ایسے تمام احباب کو شریک رکھا ہاں ان لوگوں سے جو اُردو کے دشمن تھے یا اُردو کے لئے خود اُن کی اپنی سی ریاضت، تن دہی اور لگن کے ساتھ کام کرنے کو تیار نہ تھے اُن کا نباہ دشوار تھا۔

بابائے اُردو کے بارے میں ایک خیال یہ بھی ہے کہ وہ دہلی اسکول کے دلدادہ تھے یا علی گڑھ اسکول میں سرسید اور حالی کے کارناموں کے قائل، اور دوسرے ادبی و علمی مرکزوں کی خدمات کے بارے میں کچھ زیادہ اچھی رائے نہیں رکھتے تھے اسی لئے انھیں دوسرے مرکزوں سے دلچسپی نہیں تھی۔ حیدرآباد سے بھی انھیں محض

قدیم اُردو کی وجہ سے دل چسپی پیدا ہوئی۔ یہی وجہ ہے کہ انھوں نے اپنی خدمات اور سرپرستی کا دائرہ کم وبیش انھیں مرکزوں کے ادب و شعر تک محدود رکھا۔ لیکن اُردو کے اُن جیسے قدیم، وسیع المشرب اور مخلص خدمت گزار کے بارے میں ایسا خیال بادی النظر میں تو غلط معلوم ہوتا ہی ہے، اس مجموعہ کے بعض خطوط سے بھی معلوم ہوگا کہ ان کا سایہ دنیائے اُردو کے سر پر عام تھا۔ اُن کی نظر اُردو کے ہر مرکز بلکہ ہر شہر اور ہر قریہ پر رہتی اور جب اور جہاں اُن کی توجہ اور موجودگی کی ضرورت ہوتی وہ بلا توقف وہاں پہنچ جاتے۔ ہاں جہاں تک ممکن ہوتا اس علاقے میں کام کرنے والے وہیں سے انتخاب کرتے اور انھیں سے کام لیتے اور یہی صحیح طریقۂ کار بھی ہے۔

خطوط عام طور پر اپنے لکھنے والے کے خیالات اور معتقدات کا آئینہ اور اُس کی شخصیت کے کمزور اور مضبوط ہر دو پہلوؤں کا عکس ہوتے ہیں۔ خطوط میں انسان اپنے دوستوں کو اپنی دل چسپیاں، خوشیاں، مصیبتیں، اپنے دل کے ذرا ذرا سے بھید اور ہر قسم کی تمنائیں اور آرزوئیں لکھ دیتا ہے اور چونکہ لکھتے وقت خطوط کے شائع ہونے یا کسی غیر متعلق شخص کے دیکھنے کا دُور دُور گمان نہیں ہوتا اس لئے لکھنے والا اُن کے بیان میں پوری آزادی اور بے تکلفی سے کام لیتا ہے۔ خط پہلے سے تیار ہو کر نہیں لکھے جاتے نہ اُن کے مسودے پہلے سے مرتب کیے جاتے ہیں۔ اُن میں کوئی مصنوعی نقطۂ نظر پیش نہیں کیا جاتا اس لئے اُن کی صداقت ہر طرح مسلّم ہوتی ہے۔

پھر چونکہ خطوط مدت العمر تک لکھے جاتے ہیں، اُن میں لکھنے والے کی عمر کے مختلف حصوں کے حالات، واقعات، افکار و تردّدات پائے جاتے ہیں۔ چنانچہ خطوط سے اُن کے لکھنے والے کے نہایت معتبر اور سچے سوانح حیات مرتب کیے جا سکتے ہیں اور بعض بڑی سوانح عمریوں میں خطوط سے یہ کام لیا بھی گیا ہے۔ یہ بہرحال یقینی ہے کہ جو حالات خطوط میں درج ہوتے ہیں اُن میں عموماً تصنع یا فریب نہیں ہوتا۔ چنانچہ یہ مان لینا چاہیے کہ مندرجۂ بالا سطور میں ان مجموعۂ مکتوبات کی بنا پر بابائے اُردو کی شخصیت و سیرت کے بارے میں جو خیالات ظاہر کیے گئے ہیں وہ قطعی حقیقی اور قابلِ اعتماد ہیں۔

یہ بھی یاد رہے کہ خطوط میں کاتبِ خطوط اپنے خانگی حالات کے علاوہ اپنے عہد کے واقعات بھی قلم بند کرتا ہے جس کی بنا پر اس دور کی تاریخ کے مرتب کرنے میں بھی خطوط کام آسکتے ہیں، یہ مجموعہ بابائے اُردو کی شخصیت و سیرت کے متعلق ایک تاریخی اور دستاویزی حیثیت رکھتا ہے۔ اس میں باون ۵۲ اصحاب کے نام خطوط ہیں۔ اُن میں سے بعض اپنے اپنے زمانہ کی سربرآوردہ ترین سیاسی شخصیتیں ہیں۔ اور اگرچہ بابائے اُردو سیاست کے مردِ میداں نہیں لیکن اسے کیا کیجیے کہ سرسید احمد خاں کے زمانہ سے غیر منقسم ہند میں بلکہ تقسیم کے بعد بھی اُردو سیاست کا ایک مستقل مورچہ رہی۔ کبھی کھل کر کبھی درپردہ اس پر حملے ہوتے یا اس کی گردن مروڑنے کی کوششیں کی گئیں۔ اُردو، ہندوستانی، ہندی، اتھوا ہندوستانی، غرض کہ نام مختلف تھے مگر کام ایک تھا۔ یعنی اُردو کو اپنے جنم دیس میں بدیسی قرار دے کر دیس نکالا

دے دیا جائے۔ بابائے اردو کے لیے جن کی زندگی کا اردو کے تحفظ و ترقی کے سوا کوئی اور مقصد ہی نہ تھا ان شخصیتوں میں سے بعض کے ساتھ آویزش لازمی تھی، اور بعض کو برادرانِ وطن کے مندرجۂ بالا منصوبوں کے خطرناک نتائج سے آگاہ کرنا یا ان منصوبوں کے خلاف مہم چلانے کے لیے اپنے ساتھ لینا ضروری تھا۔ چنانچہ گاندھی جی، سر سکندر حیات خاں، ڈاکٹر انصاری، میاں بشیر احمد کے نام خطوط میں اسی قسم کے مضامین و موضوعات ملیں گے۔ گاندھی جی کے نام خطوط میں ہندوؤں کی اردو دشمنی کے علاوہ ان کی عام مسلم دشمنی اور دو قومی نظریہ کی پوری تاریخ اور خود گاندھی جی کے رویہ پر بے لاگ اور کھری کھری تنقید بھی ملے گی۔ تقسیم ہند کے وقت محض اردو کی مخالفت کے سبب انجمن ترقی اردو (ہند) اور بابائے اردو کے ساتھ جو ناانصافیاں روا رکھی گئیں اُن کا تذکرہ مولانا ابوالکلام آزاد اور سر تیج بہادر سپرو کے نام خطوط میں ملے گا۔

سیاسی شخصیتوں کے علاوہ باقی اصحاب میں چند اردو زبان کی نہایت محترم یا بابائے اردو کی محبوب شخصیتیں ہیں، مثلاً ڈاکٹر عبدالستار صدیقی، سید ہاشمی فرید آبادی، مولانا عبدالماجد دریا بادی، مولوی محمد امین زبیری، مولوی نصیر الدین ہاشمی، مولوی سخاوت مرزا اور ڈاکٹر داؤد رہبر۔ ان احباب کے نام خطوط کی نوعیت الگ الگ ہے اور وہ مختلف عنوانات کے ذیل میں آسکتے ہیں۔

ڈاکٹر عبدالستار صدیقی صاحب سے بابائے اردو کو جو تعلق خاطر ہے وہ شاید ہی کسی اور سے ہو۔ اس مجموعہ میں ان کے نام خطوط کی تعداد

سب سے زیادہ ہے۔ ایسا معلوم ہوتا ہے کہ علمی اور ادبی معاملات میں بابائے اُردو نے موصوف کے سامنے زانوئے ادب تہ کر رکھا ہے۔ جو لوگ کہتے ہیں کہ بابائے اُردو اپنے آگے کسی کی نہیں چلنے دیتے تھے نہ کسی کو خاطر میں لاتے وہ ڈاکٹر صدیقی کے نام اُن کے خطوط پڑھیں۔ موصوف سے انھیں ایسی عقیدت ہے اور ان کی علمیت، قابلیت وسعت نظر اور معاملہ فہمی پر اتنا اعتماد کہ بعض دفعہ تو ایسا معلوم ہوتا ہے کہ ان کی مدد اور مشورے کے بغیر وہ ایک قدم آگے نہیں چل سکتے۔ متعدد معاملات میں وہ اُن کی رائے لیتے ہیں۔ مشکل سے مشکل اور اہم سے اہم کام ان کے سپرد کرتے ہیں۔ اشاعت سے پہلے یا طباعت کے دوران میں وہ اُن کے ملاحظہ، تنقید، رائے زنی اور اصلاح کے لیے مسودات اور کتابیں پیش کرتے ہیں۔ ڈاکٹر صاحب انھیں غلطیوں پر متنبہ کرتے ہیں تو وہ مان لیتے ہیں اور ان کا شکریہ ادا کرتے ہیں۔ ڈاکٹر صاحب رائے دینے یا خط کا جواب بھیجنے میں دیر کرتے ہیں تو تقاضے کے خطوط لکھتے ہیں، موصوف کی اصلاح ایسے موقع پر آتی ہے جب کتاب میں درستی نہیں ہو سکتی تو افسوس کرتے ہیں اور بعد میں اس سے فائدہ اٹھانے کا وعدہ کرتے ہیں وغیرہ۔ علم و ادب کے دو بوڑھوں کا یہ ربط و تعلق دیدنی تھا جو کچھ عرصہ کے بعد شنیدنی بن گیا۔ اس لیے کہ اب زمانے نے ایسے باوضع اور مخلص انسان بنانے والے سانچے توڑ ڈالے ہیں۔

جہاں تک دل کی لگی اور بھید بھاؤ کا تعلق ہے، بلا خوف تردید کہا جا سکتا ہے کہ سید ہاشمی صاحب سے بہتر بابائے اُردو کا کوئی رفیق اور

عزیز نہیں۔ اوروں کے خطوط کے وہ عموماً جواب دیتے ہیں مگر ہاشمی صاحب کو از خود خط لکھتے ہیں اور ان کی خیریت نہ معلوم ہونے سے بے تاب ہو جاتے ہیں۔ تقسیم کے ہنگاموں میں جب یہ خبر مشہور ہوتی ہے کہ شہدائے دہلی کی فہرست میں سیّد صاحب موصوف کا نام بھی ہے تو وہ تڑپ جاتے ہیں۔ انھیں اس خبر پر یقین نہیں آتا۔ ان کی خیریت معلوم کرنے کے لئے طرح طرح کے جتن کرتے ہیں۔ خط لکھتے ہیں، ٹرنک کال کرتے ہیں، تار دیتے ہیں، ریڈیو پر کہلاتے ہیں، وغیرہ۔ پھر جب یہ خبر غلط ثابت ہوتی ہے تو ہاشمی صاحب کے عزیزوں کو بتاتے ہیں۔ اور اس وقت ہاشمی صاحب کو جو خط لکھتے ہیں اس کے لفظ لفظ سے اُن کے ساتھ انتہائی تعلق خاطر کا اظہار ہوتا ہے۔ اس غلط خبر سے دل کو جو صدمہ ہوا تھا اسے دوسروں کو بھی لکھتے ہیں۔ ہاشمی صاحب کو وہ 'تم' اور 'عزیزی' سے مخاطب کرتے ہیں۔ دوسروں کے ساتھ رسمی اور مقررہ طرزِ خطاب اختیار کرتے ہیں۔ جتنے طولانی خطوط انھیں لکھتے ہیں دوسروں کو کم لکھتے ہیں اور پھر بھی کہے جاتے ہیں کہ ملاقات ہو تو مفصل باتیں ہوں خط میں اتنی گنجائش کہاں۔ اپنی ذاتی سرگرمیاں، خوشیاں، پریشانیاں، بیماریاں، روحانی ترددات، جسمانی تکالیف، بزمِ انجمن کی کارروائیاں، ادبی، مالی، سیاسی حالات اور منصوبے جس تفصیل کے ساتھ اور رازدارانہ طریقے سے وہ انھیں لکھتے ہیں اور کسی کو نہیں لکھتے۔ اور کیوں نہ ہو ہاشمی صاحب بابائے اردو کے نصف زندگی سے زائد عرصہ کے رفیق اور رفیق کار، کبھی کبھی شبانہ روز کے رفیقِ کار اور رفیق سفر بھی رہے۔ ان سے زیادہ اُن کے قرب اور رازداری کا مستحق اور کون ہو سکتا تھا۔

مولانا عبدالماجد دریابادی اور مولوی محمد امین زبیری کے ساتھ خط و کتابت میں ابتداء عموماً انھیں دونوں حضرات کی طرف سے ہوتی ہے اور باوجود انتہائی خلوص و مودّت کے بابائے اُردو کا اندازِ تخاطب کبھی "آپ" اور کبھی "تم" رہتا ہے جس سے اندازہ ہوتا ہے کہ تعلقات میں کچھ نہ کچھ تکلف اور ہچکچاہٹ ضرور ہے۔ "آپ" کا لفظ مخاطب کی فضیلت سے مرعوب ہو کر بھی استعمال کیا جاتا ہے۔ مگر جہاں تک خطوط سے اندازہ ہوا، اس معاملہ میں بابائے اُردو صرف ڈاکٹر عبدالستار صدیقی کا لوہا مانتے ہیں۔ ماجد صاحب اور امین زبیری مرحوم سے خط و کتابت علمی و ادبی معاملات کے علاوہ دنیا جہان کے اور کاموں کے بارے میں بھی ہوتی ہے۔ اگرچہ خطوط ہر دو کے نام عموماً مختصر ہوتے ہیں۔

علمی و ادبی تحقیقی کاموں کے سلسلے میں بابائے اُردو جن دو اور دوستوں سے خط و کتابت کرتے ہیں وہ اُن سے بہت چھوٹے ہیں۔ یعنی مولوی نصیرالدین ہاشمی اور مولوی سخاوت مرزا۔ کراچی میں انجمن کے کتب خانۂ خاص کے علاوہ اُردو میں تحقیقات کے کام آنے والی کتابوں کا کوئی ذخیرہ نہیں۔ بابائے اُردو اپنے حیرت انگیز حافظہ کی مدد سے حیدرآباد دکن سے متعلقہ کتابوں کا اتہ پتہ دے کر وقتاً فوقتاً اُن حضرات سے ضروری معلومات یا حوالہ جات اور نقول وغیرہ طلب کرتے ہیں اور سچ یہ ہے کہ ان دونوں نے بھی بابائے اُردو کی خدمت کرنے میں کوتاہی نہیں کی جس کے لئے مؤخرالذکر نے بار بار اُن کا شکریہ ادا کیا۔

اِن خطوط سے بابائے اُردو کے ذاتی اشغال، شوق و شغف،

طرزِ زندگی، افتادِ مزاج وغیرہ کی نسبت بہت سی دلچسپ معلومات حاصل ہوتی ہیں۔ بلکہ شاید ان لوگوں کو بھی جو انھیں اچھی طرح جانتے ہیں اُن کی شخصیت کے بعض نئے پہلوؤں کا علم ہوگا۔ یہ امر تو عام طور پر معلوم ہے کہ وہ اردو بالخصوص انجمن ترقی اردو کو اپنے لئے بمنزلہ لازمۂ حیات سمجھتے تھے۔ انھوں نے اپنی ساری جوانی اور بڑھاپا اس کی نذر کر دیا مگر یہ کم لوگوں کو معلوم ہے کہ انھوں نے زندگی بھر جو کمایا وہ بھی انجمن میں لگا دیا۔ انجمن کے کاموں کے سلسلے میں اپنے خرچ پر دور دراز مقامات کے ہزاروں سفر کیے، بے شمار اصحاب کی میزبانی کی، نہ جانے کتنے جلسوں پر روپیہ صرف کیا۔ اپنی ہزاروں کتابیں انجمن کے کتب خانۂ خاص میں شامل کر دیں۔ بارہا اپنی موٹر خریدنے کے لیے رقم جمع کی مگر انجمن کے پریس کی خریداری یا توسیع پر صرف کر دی۔ حتیٰ کہ کسی نادار طالب علم یا مستحق اور نامور اہلِ علم کی امداد کے لئے دل کو تڑپتا چھوڑ کر روپیہ انجمن کی نذر کر دیا۔ ہاشمی صاحب نے اگر انھیں ٹوکا کہ اپنا روپیہ اس طرح کیوں ضائع کرتے ہیں، تو الٹا انھیں کو سمجھایا۔ بابائے اردو اور انجمن کے اس بے نظیر تعلق کی تفصیلات سے اس مجموعہ کے بیتر ے خطوط بھرے پڑے ہیں۔

بعض خطوط سے انجمن کے لیے بابائے اردو کی مختلف النوع کارگزاریوں کا اندازہ ہوگا جن کے سلسلے میں خود اُن کے قول کے مطابق وہ "زمین کا گز" بن گئے۔ میں انھیں اردو کا جہانیاں جہاں گشت یا سیلانی کہوں گا۔ اس لئے کہ اردو کے لیے گشت لگانا اُن کے خمیر میں تھا اور وہ جانتے تھے کہ کوئی توسیعی اور تبلیغی کام صرف گھر پر بیٹھے بیٹھے نہیں

ہو سکتا۔ وہ بڑے بڑے شہروں کے علاوہ ملک کے ہر ہر کونے کھدرے میں جہاں سے بھی انجمن کو فائدہ ہونے کی امید ہو، جہاں بھی انجمن کے مقاصد کی ترویج کے لیے زمین ہموار نظر آئے، یا جہاں بھی اردو کو خطرہ لاحق ہو، پہنچ جاتے۔ طول طویل دورے کر کے انجمن کی شاخیں قائم کرنا، اردو مدرسے کھولنا، انجمن کی عمارت کا ڈول ڈالنا، اردو کے مختلف کاموں کے لیے فنڈ مہیا کرنا، جلسے بلانا، جلسوں میں شریک ہونا، تقریریں کرنا، لڑنا جھگڑنا، ان کی زندگی کے معمولات تھے اور اپنے خطوط میں وہ ان امور کا تذکرہ ایسی آسانی، روانی اور لطف کے ساتھ کرتے ہیں گویا یہ سب ان کے بائیں ہاتھ کا کھیل ہے، جیسے ان کے پاس کوئی جادو کی چھڑی ہے جسے گھمایا اور کام ہو گیا۔ یا الٰہ دین کا چراغ کہ اسے گھِسا اور کام بنانے والا جن آیا اور کام کر گیا۔ اس سلسلے میں بنگلور، ملابار، شمالی آرکاٹ وغیرہ کے دوروں کے بعد امین زبیری مرحوم کو اپنی کارگزاریوں کی جو داستان لکھی ہے، پڑھنے کے لائق ہے۔ ایک اور خط ہاشمی صاحب کو لکھا ہے۔ گئے ہیں اپنی صحت درست کرنے کوئٹہ، ایک صحبت میں اندازہ ہوا کہ جنرل (بعد میں فیلڈ مارشل) ایوب خان سے ملنے میں انجمن کا فائدہ ہے، پھر کیا تھا اپنی صحت اور آرام برطرف۔ اس کام کے درپے ہو گئے۔ سچ یہ ہے کہ انھوں نے ہم سب کو یہ دکھا دیا کہ شرط لگا کر، حکم چلا کر کام کیسے کیا جاتا ہے۔

بابائے اردو کے ذاتی اشغال، شوق و شغف اور عام ذہنی رویّہ کے بارے میں جو گوشے ان کے خطوط سے بے نقاب ہوتے ہیں وہ بہت دل چسپ ہیں۔ انھیں آم کھانے کا بے حد شوق تھا۔

پاکستان آکر وہ ہندوستان کے آموں کو یاد کرتے ہیں۔ اگرچہ سندھ کے اچھے آم پاکر بھی خوش ہو جاتے۔ انھیں پُر فضا اور صحت بخش مقامات پر جانے کا بھی بڑا شوق تھا اور وہ ہندوستان اور پاکستان کے تقریباً تمام ایسے مقامات دیکھ چکے تھے۔ وہاں سے خطوط لکھ کر وہ اپنے دوستوں کو قلمی سیر کراتے۔ مگر یہ عجیب بات ہے کہ خط لکھتے وقت جس مقام پر ہوتے اسی کی سب سے زیادہ تعریف کرتے۔ اس سے اندازہ ہوتا ہے کہ وہ تمام تفریحی مقامات کے عاشقِ زار تھے۔ پھر بھی شاید کوئٹہ ان کا محبوب ترین صحت بخش مقام تھا۔ ان مقامات پر رہ کر وہ جوانوں کی طرح (شاید آج کل کے جوانوں کے برخلاف!) پابندی کے ساتھ چہل قدمی کرتے۔ اگرچہ جاننے والوں کو یہ بھی معلوم ہے کہ اُن کی چہل قدمی اور ہوا خوری مقام کی پابند نہ تھی۔ وہ تو اُن کی زندگی کے فرائض بلکہ روز کے معمول میں شامل تھی۔ اس کے علاوہ انھیں اپنے احباب کے ساتھ سلوک کرنے کا بے حد شوق تھا اور زندگی کے متعلق اُن کا نقطۂ نظر زیادہ تر حوصلہ مند اور امید افزا رہتا۔ یہی وجہ ہے کہ وہ نوے برس سے زیادہ کی عمر میں اور بے حد ضعیف و کمزور ہونے کے باوجود حالات سے بہت کم مایوس ہوتے۔

وہ ہونہار ادیبوں اور نوجوان اہلِ قلم کی بڑی قدر کرتے تھے۔ ڈاکٹر داؤد رہبر کے نام تقریباً سارے خطوط اس کلیہ کی تائید میں پیش کیے جا سکتے ہیں۔ اس کلیہ کا اطلاق خواتین پر بھی ہوتا ہے جن کی علمی و ادبی صلاحیتوں کے وہ بڑے معترف تھے۔ ان کی ہر طرح حوصلہ افزائی کرتے۔ قزلباش ہمشیرگان (بیگم حسن ہالو قزلباش و بیگم ارجمند قزلباش) کے

نام خطوط میں بابائے اُردو کی اِس خصوصیت کا اچھا ثبوت ملتا ہے ۔ اپنے سے چھوٹوں کے ساتھ شفقت میں اُنھیں اتنا غلو تھا کہ خود بوڑھا ہونے کے باوجود بوڑھوں کی غلط سرزنش کے خلاف آواز اُٹھاتے اور نوجوانوں کا ساتھ دیتے ۔ امین زبیری مرحوم کے نام ایک خط میں ان کے برادرزادے میاں نعمان کے خیالات کی تائید کرتے ہیں اور اوّل الذکر کو ان کار رفتہ ہو جانے اور وقت کا ساتھ نہ دینے پر جس طرح ٹوکا قابل ملاحظہ ہے ۔ اسی ذیل میں اُن کی کم عمر اور ذہین بچوں سے دلچسپی بھی آتی ہے جس کا نمونہ ہمیں ڈاکٹر صدیقی صاحب کے صاحبزادہ مسلم کے نام خط میں ملتا ہے ۔ یہ خط اِس مجموعہ کے ڈاکٹر صاحب موصوف کے نام ایک خط کے ونٹ نوٹ میں نظر سے گزرے گا ۔ بچوں کو تحفے تحائف دینے کا بھی انھیں شوق تھا ۔

مخالف حالات میں بابائے اُردو عموماً مایوس نہ ہوتے بلکہ اپنا حوصلہ بلند رکھتے اور دوسروں کو بھی مایوس نہ ہونے دیتے ۔ وہ ان حالات میں بھی عزم و استقلال سے کام کرتے رہتے اور اپنی مثال سے اپنے ساتھیوں کو بھی پوری دلچسپی کے ساتھ کام میں لگائے رکھتے ۔ اس مجموعہ کے بعض خطوط سے معلوم ہو گا کہ تقسیم ملک کے وقت انجمن پر جو تباہی آئی اُس کی طرف سے دل پر پتھر تو رکھا ہی تھا ۔ مگر اِس عمر میں اور اُس زمانہ کی دلّی کے مخدوش و خطرناک ترین حالات میں ردّی کاغذوں کے ڈھیر میں سے دن دن بھر جاں فشانی اور تلاش کے بعد قلمی مسودے اور کتابیں برآمد کرنا[1] ، دفتر کے رجسٹروں اور فہرستوں سے

---

[1] ان سطور کے راقم کو اب سے کم و بیش نصف صدی پیشتر علی گڑھ میں اسی قسم کا ایک واقعہ پیش آیا تھا جس

(باقی حاشیہ اگلے صفحہ پر)

(باقی حاشیہ صفحہ ما سبق)

کا اس موقع پر بیان کرنا دلچسپی سے خالی نہ ہوگا۔ یونیورسٹی بک ڈپو کے اخراجات میں کفایت کی غرض سے طے ہوا کہ اس کی عمارت کا ایک حصّہ خالی کرا کے کرایہ بچایا جائے۔ چنانچہ مقامی مصنفین کی کتابوں کے اسٹاک انھیں واپس کر دیئے گئے اور نہ جانے کتنی کتابیں، رجسٹر، رسائل، اخبارات، پمفلٹ، کتابچے، متفرق اوراق وغیرہ جو بک ڈپو کے عملہ کے خیال میں بیکار تھے ردّی کے ڈھیر کی شکل میں آگ کی نذر کر دینے کے لیئے ایک جگہ جمع کر دیئے گئے۔ ایک دن اُدھر سے گزرا تو (اُردو ٹائپ میں چھپا ہوا بادامی رنگ کا ایک بڑا سا ورق اُڑتا اُڑتا میرے پاؤں میں آکر لگا۔ اُٹھا کر چوما تو دیکھا "تہذیب الاخلاق" کا ورق تھا جس پر مولانا حالی کے مسدس کے کچھ بند مع سرسید کے نوٹ کے شائع ہوئے تھے۔ آنکھیں پُرآب ہو گئیں کیونکہ پتہ چلا کہ یہ ورق اسی ردّی کے ڈھیر سے اُڑ کر آیا تھا۔ اُسی وقت نواب محمد اسمٰعیل خاں صاحب (مرحوم) کی خدمت میں حاضر ہوا جو یونیورسٹی کے خازن تھے اور سید راس مسعود (مرحوم) کی عدم موجودگی میں عارضی طور پر وائس چانسلری کے فرائض بھی انجام دے رہے تھے۔ اُن سے اجازت لی کہ کم از کم ایک ہفتہ تک اس ڈھیر کو یوں ہی رہنے دیا جائے اور اس دوران میں مجھے اُن کاغذات کی چھان بین کا موقع دیا جائے۔ چنانچہ اپنے منصبی فرائض کے اوقات کے بعد کتنی شدید محنت اور بلا اندازہ کھکھیڑ سے نیز بک ڈپو کے ملازمین کی بد دعائیں

(باقی حاشیہ اگلے صفحہ پر)

مقابلہ کر کے یہ معلوم کرنا کہ کون کون سے مسودات ہیں اور کون کون سے نہیں یا کس کس کتاب اور مسودہ کے کون کون سے حصے مل گئے اور کون کون سے نہیں، یہ سب اچھے اچھے جوانوں کے لیے بڑے دل

(باقی حاشیہ صفحہ ما سبق)

لے کر (کیونکہ انھیں دیر تک ٹھہرنا پڑتا تھا) راقم السطور نے "تہذیب الاخلاق" کے منتشر اجزا اور اوراق تلاش کر کے متعدد جلدوں کے شمارے جمع کیے۔ اس کے علاوہ سائنٹفک سوسائٹی کی کئی مترجمہ کتابیں، ایجوکیشنل کانفرنس کی رودادیں، بعض خطبات، سید محمود کی تاریخ تعلیم مسلمانانِ ہند، کمیٹی خواستگار تعلیم مسلمانان کی ضخیم رپورٹ معہ متعلقہ کاغذات، مسٹر بک کی بعض تقاریر جن میں ثابت کیا گیا تھا کہ انڈین نیشنل کانگریس بہ حیثیت مجموعی مسلمانوں کے مفاد کے خلاف ہے اور نہ جانے کون کون سی دوسری نہایت نادر دستاویزات برآمد کیں۔ نواب صاحب مرحوم کے ملاحظہ سے گزار کر جب میں نے اس ذخیرہ کی قیمت ادا کرنی چاہی تو انھوں نے از راہ کمال شفقت میری پیٹھ ٹھونکی اور فرمایا: "تم نے ان جواہرات کو ضائع ہونے سے بچا لیا۔ اب یہ تمہارے ہیں"۔ بعد میں معلوم ہوا کہ چراغ تلے اندھیرا، ان میں سے کئی چیزیں یونیورسٹی کی لٹن لائبریری میں بھی موجود نہیں تھیں۔ ۱۹۳۶ء میں حکومت ہند کی ملازمت اختیار کر لینے پر یونیورسٹی سے دائمی طور پر جدا ہوتے وقت میں نے یہ قیمتی ذخیرہ معہ اپنی دوسری کتابوں کے مذکورہ کتب خانے کی نذر کر دیا۔

گردسے اور بڑی آزمائش کے کام تھے مگر بابائے اُردو نے یہ کام کیے اور اپنے ساتھ دو عزیزوں کو بھی اِن کاموں میں لگائے رکھا۔

مگر ان تمام امور سے بڑھ کر ان خطوط میں، ہندوستان و پاکستان میں تقریباً پون صدی کے دوران اُردو کی ترقی بلکہ مخالف حالات میں اُردو کی جہدِ حیات کے بہت سے اہم ابواب بے نقاب ہوتے ہیں۔ اس لیے کہ اُردو زبان اور بابائے اُردو ایک جان دو قالب رہے تھے اور اُردو سے جُدا بابائے اُردو کی کوئی زندگی نہیں تھی۔ غیر منقسم ہند میں اُردو کے ساتھ برادرانِ وطن کی بدسلوکی یا دوستی کے پردے میں دشمنی کے باوجود بعض مرتبہ خود اپنوں کے ہاتھوں اُردو کی مخالفت کے علی الرغم بہ حیثیت سیکرٹری انجمن ترقی اُردو اُنھوں نے جو معرکے سَر کیے وہ اُردو کی تاریخ میں آبِ زر سے لکھے جانے کے قابل ہیں۔ اس سلسلے میں حیدرآباد دکن کے علاوہ ناگپور، پٹنہ، علی گڑھ، دہلی، لکھنؤ، مدراس، بمبئی، لاہور، کلکتہ غرض انھوں نے اُردو کے لیے کہاں کہاں سرفروشی نہیں دکھائی۔ گاندھی جی، راجندر پرشاد، ابوالکلام، جواہر لال، ٹنڈن جی، مونجے، کھیر کس کس سے ٹکر نہیں لی۔ یہ تمام داستان آپ کو ان خطوط میں نظر آئے گی۔ اسی کے ساتھ بابائے اُردو کی بعض بیش قیمت ذاتی علمی و تحقیقی کوششوں کے بارے میں، جن کی وجہ سے اُردو ادب کی تاریخ کئی صدی پیچھے جا پڑی ہے نیز انجمن ترقی اُردو کے مطبوعاتی اور اشاعتی پروگرام، موصوف کی مرتب کردہ اُردو لغت انگریزی اُردو ڈکشنری، درسی کتب، اصطلاحاتِ علمیہ اُردو ٹائپ وغیرہ جیسے اہم کاموں کے متعلق تفصیلات ملیں گی۔ یہ بھی

معلوم ہوگا کہ انجمن ترقی اُردو ایک معمولی ادارہ سے بڑھ کر ایک شان دار باعمل کل ہند ادارہ کیسے بن گئی۔ پھر انجمن کی دہلی کو منتقلی جس کے ساتھ اُردو کے اشاعتی پروگرام کی نئی پالیسی ظہور میں آئی، تقسیم ملک کے وقت دہلی میں انجمن کی بربادی، حوصلہ شکن حالات کے باوجود بابائے اُردو کا دہلی میں کام کرنے پر اصرار، بعد میں اُن کی پاکستان کو ہجرت، پاکستان میں انتہائی مایوس کن حالات میں انجمن اور اس کے متعلقہ شعبوں کا احیا، اُردو کالج کا قیام، سندھ یونیورسٹی سے اس کے الحاق میں مشکلات، کراچی کے لئے فیڈرل یونیورسٹی کی اسکیم، اُردو کی قومی زبان بننے کے سلسلے میں پیچیدگیاں، غرض کہ قبل تقسیم سے لے کر قیام پاکستان تک اُردو کے ارتقاء اور اس سے متعلق ایسے ایسے اہم مسائل وامور کا تذکرہ جنھیں اس زبان کا مورخ مشکل ہی سے نظر انداز کرسکتا ہے، ان خطوط میں آپ کی نظر سے گزرے گا۔

غالب کو اُردو خط نویسی بالخصوص مراسلہ کو مکالمہ بنا دینے والی خط نویسی کا بابا آدم سمجھا جاتا ہے، جن پر اس فن کا کمال ختم بھی ہوگیا مگر اہلِ نظر اس امر سے بھی انکار نہیں کرسکتے کہ غالب بھی کہیں کہیں ایچ پیچ سے کام لیتے ہیں اور اُن کے بعض خطوط کی برجستگی میں بھی اہتمام اور آورد کا دخل پایا جاتا ہے۔ بات یہ ہے کہ غالب نے خط نویسی کو ایک فن کی حیثیت سے اختیار کیا تھا اور کیا تعجب کہ برجستگی کی بھی نوک پلک درست کرتے ہوں۔ اگر میرا حافظہ غلطی نہیں کرتا تو پروفیسر مسعود حسن رضوی ادیب نے انیس کے بارے میں لکھا ہے کہ ہم اُن کے جن اشعار کی صفائی اور برجستگی پر سر دھنتے ہیں اُن میں نہ جانے

کتنی بار تراش خراش کی گئی تھی تب کہیں جا کر وہ اس قابل ہوئے۔ اس کے ثبوت میں ادیب صاحب نے اُن کے مرثیہ کے اُنھیں کے ہاتھ کے لکھے ہوئے ایک کٹے پھٹے صفحہ کا فوٹو بھی شاملِ مضمون کیا تھا۔ بہرحال اپنے شہ پاروں پر بار بار نظر ڈالنا اور انھیں بہتر سے بہتر بنانے کی کوشش کرنا ایک بڑے فن کار کے لیے قدرتی امر ہے۔ میں یہ نہیں کہتا کہ غالب نے بھی خط نویسی میں یہی عمل اختیار کیا اور وہ اپنے مسودوں میں کاٹ چھانٹ کر کے انھیں بہتر سے بہتر بناتے تھے۔ خط لکھتے وقت کوئی ایسا کم ہی کرتا ہے۔ مگر یہ ضرور ہے کہ وہ اپنے احباب کو خاص اہتمام سے خط لکھتے تھے اور اپنی نو طرز کی اُن سے داد بھی طلب کرتے تھے۔ اُنھیں خط لکھتے وقت نہ صرف اس امر کا احساس رہتا تھا کہ وہ شائع کیے جائیں گے یا شائع کیے جانے چاہئیں بلکہ معلوم ہے کہ اُنھوں نے خود ہی اپنے احباب سے لے کر اُنھیں جمع بھی کیا تھا۔ کیا جانے اُن پر نظر ثانی بھی کی ہو۔

بابائے اُردو کا معاملہ اس سے بالکل مختلف ہے۔ انھوں نے اپنے خطوط بلا کسی اہتمام یا اشاعت اور فن کاری کے احساس کے بے آخر وقت تک جہاں تک ممکن ہوا اپنے ہاتھ سے لکھے۔ خطوں کے جواب بھی اپنے ہاتھ سے لکھ کر دیے، خواہ چند سطریں ہی کیوں نہ ہوں۔ اُن کے ایک خط میں بھی آورد نہیں پائی جاتی۔ وہ اپنے مکتوب الیہ کو براہ راست مخاطب کرتے ہیں۔ سیدھی سادی معاملہ کی باتیں ہیں جو سیدھی سادی اور بامحاورہ زبان میں ادا کی گئی ہیں اور بس۔ اور جہاں معاملہ ختم ہوا خط بھی ختم ہو گیا۔ محض لچھے دار باتیں بنانے یا بیان کو طول

دینے یا لطفِ زبان کی خاطر وہ اپنے خط کو طولانی نہیں کرتے محاورہ اور روزمرہ کا جو چٹخارہ باباتے اردو کے ہاں ملتا ہے، غالب کے ہاں باوصف برجستگی و شگفتگی اس کا دور دور پتہ نہیں۔ اور بعد کے خط نویسوں مثلاً ابوالکلام آزاد اور نیاز فتح پوری کے ہاں تو اس کی توقع ہی فضول ہے۔ اس لیے کہ یہ دونوں بزرگ اہتمام اور آورد کے امام ہیں۔ اُن کے خطوط سراسر مکالمے ہیں نہ مکالمے۔ جن حضرات کے نام خطوط ہیں وہ یا تو معدوم ہیں یا مشکوک۔ خطوط کیا ہیں مختلف موضوعات پر مستقل مقالات یا تصانیف ہیں جو ایسا معلوم ہوتا ہے کہ اپنے مخاطب کو مرعوب کرنے کی غرض سے لکھے گئے ہیں یا عبارتیں کی عبارتیں کسی کتاب سے نقل کر دی گئی ہیں۔

ہاں غالب اور باباتے اردو دو موقعوں پر ایک دوسرے کے بہت قریب آجاتے ہیں۔ تقسیم ہند کے بعد دہلی میں انجمن ہی کی نہیں مسلمانوں کی دردناک تباہی اور شمالی ہند کی عام شورش پر باباتے اردو کا دل دوز تبصرہ پڑھ کر بے اختیار غالب کا لہجہ یاد آجاتا ہے جو اس نے ۱۸۵۷ء کی جنگِ آزادی کے بعد دہلی کی تباہی کے بیان میں اختیار کیا ہے۔ دوسرا موقع ظرافت کا ہے۔ باباتے اردو کو لوگ عام طور پر ایک نہایت سنجیدہ، متین اور خشک قسم کا انسان سمجھتے ہیں لیکن مولوی امین زبیری مرحوم کے نام خطوط میں باباتے اردو کا وہ نوٹس پڑھیے جس میں دہلی میں اپنی آمد کی اطلاع دینے کے ساتھ مرحوم کو فوراً دہلی طلب کیا ہے۔ حالی نے غالب کو "حیوانِ ظریف" کہا تھا۔ یہ دلچسپ خطاب باباتے اردو پر کچھ کم صادق نہیں آتا۔

میں نے بابائے اُردو کی زبان میں محاوروں کے چٹخاروں کا ذکر کیا ہے۔ صحیح یہ ہے کہ اُن خطوط میں آپ کو اُردو کے محاورات کی ایک پوری لغت ملے گی اور اس لحاظ سے یہ آپ اپنی نظیر ہیں۔ گول ہو جانا، ہتھیا لینا، کچیانا، کالے کوسوں جانا، تاک میں رہنا، کھنڈت ڈالنا، پیچھے پڑ جانا، سر ہو جانا، بیگار میں پکڑا جانا، ڈول ڈالنا، زمین کا گز بننا، پانی سر سے اونچا ہو جانا، سورج کو چراغ دکھانا، مواد پکنا، پھوٹی کوڑی کا نہ ہونا۔ دُرگت بننا، پنڈ چھوڑنا، معاملہ کھٹائی میں پڑ جانا، کسی کام کا نہ رکھنا، پوری لاحول بھی نہ پڑھ پانا، حالات کا کچھ سے کچھ ہو جانا، تنگ و دو کرنا، تڑی دینا، تڑ سے جواب دینا، دلدل میں پھنس جانا، دلدل سے نکالنا، کسی کو جھنجھوڑنا، اوپر ہی اوپر اڑا لینا، آگ پر تیل چھڑکنا، ہاتھ اٹھا لینا، چپ کی داد ملنا، بیٹے کا پھوٹنا، اونگھتے کو ٹھیلتے کا بہانہ، بڑے میاں تو بڑے میاں چھوٹے میاں سبحان اللہ، یہ جا وہ جا۔ اور اسی قسم کے بے شمار محاورات اور روزمرہ سے یہ خطوط مالا مال ہیں اور مزہ یہ ہے کہ مولوی نذیر احمد کے اسلوب کے برخلاف بابائے اُردو کی عبارت میں یہ قطعی نہیں معلوم ہوتا کہ محاورات خواہ مخواہ یا زبردستی استعمال کیے گئے ہیں۔ یا بعض انھیں کام میں لانے کے لیے مضمون کی عبارت کھڑی کی گئی ہے۔ اس کے برخلاف معلوم ہوتا ہے کہ وہ نہ صرف آمدِ سخن اور زورِ بیان کے سلسلے میں بالکل قدرتی طور پر زبانِ قلم سے ٹپک پڑے ہیں اور زبان کی شگفتگی اور فصاحت کا باعث ہوئے ہیں، بلکہ اظہارِ خیال اور ادائے مطلب کے لیے از بس ضروری تھے۔ شاید ہی کسی اور اہلِ قلم کے ہاں محاورات کی

آتی قدرتی اور جائز بہتات ہو۔

محاورات کسی اہلِ قلم کے اندازِ بیان کا جزو ہوتے ہیں اور سادہ، متین اور رواں زبان کے ساتھ خوب چلتے ہیں۔ بابائے اُردو زبان کی متانت کے معاملہ میں مولانا حالی کا جواب مگر روانی اور سادگی میں ان سے ہی نہیں سر سیدؔ اور اُن کے تمام رفقا سے بڑھ چڑھ کر ہیں، اس لیے کہ اُن کی زبان میں دورِ سرسید کے تقریباً تمام اہلِ قلم کی روش کے برخلاف انگریزی اور دوسرے غیر اُردو الفاظ نہ ہونے کے برابر ہیں۔ بلکہ بعض بعض جگہ وہ ایسی ٹکسالی اُردو لکھتے ہیں کہ اگرچہ اصل میں ہاپوڑ (ضلع میرٹھ) کے رہنے والے ہیں وہ حقیقی معنوں میں دلی کے روڑے کہے جاسکتے ہیں۔ بے شک اُن کے ہاں قواعد کے اس مسلّمہ اصول کی مستقل خلاف ورزی نظر آتی ہے کہ فارسی اور غیر فارسی الفاظ کے درمیان فارسی واوِ عطف نہیں بلکہ ہندی لفظ "اور" ہونا چاہیئے مگر وہ خود صاحبِ قواعد تھے اور غدر کے بعد کے ہمارے تمام چوٹی کے نثر نویسیوں کی آنکھیں دیکھے ہوئے تھے۔ اس کے علاوہ نوّے سال سے زائد کی عمر میں یعنی تا دمِ مرگ، اُردو کی مستقل و مسلسل خدمت کرنے کے سلسلے میں ہماری زبان میں بابائے اُردو کی حیثیت اس سے کم نہیں جو انگریزی زبان میں شیکسپیئر کی ہے۔ ضرورت ہے کہ شیکسپیرین گرامر کی طرح اُردو قواعد بھی بابائے اردو کے قواعد کے تابع ہو کر رہے۔

بابائے اُردو کے اندازِ بیان کے سلسلے میں ایک قابلِ ذکر بات یہ ہے کہ ایک بڑے باکمال کی طرح ان کے ہاں کسی کی قابلِ اعتراض باتیں بھی حسین اور مثالی بن جاتی ہیں۔ اپنے دوستوں کی بعض کمزوریوں کا ذکر انھوں نے

اس طرح کیا ہے کہ انھیں خصوصیات کی وجہ سے وہ شخصیتیں بلند و بالا اور دوسروں سے ممتاز ہو جاتی ہیں۔ ہر وقت اپنے خیال میں مگن رہنے والا شخص آج کل کی عملی زندگی میں ناکارہ سمجھا جاتا ہے اور شاید وہ اپنے لیے بھی ایک بار ہو جاتا ہے، مگر سیرت کا نقشہ کھینچنے والے کا یہ کمال ہے کہ یہ کمزوری بہ منزلہ وصف کے نظر آنے لگے۔ ہاشمی صاحب کے نام لیسے ہی ایک بیش قیمت خط میں بابائے اردو نے اپنے دوست حکیم امتیاز الدین مرحوم کا کیا خوب نقشہ کھینچا ہے[1]۔

ان خطوط میں کہیں کہیں دفتری اور سرکاری معاملات زیرِ بحث آئے ہیں۔ جو لوگ اردو کو سرکاری اور دفتری زبان بنانے کے لائق نہیں سمجھتے یا جو حیدرآباد دکن کی مثال دینے پر بھی یہ کہتے ہیں کہ وہاں کی اصطلاحات مثالی اور معیاری نہیں ہیں اس لیے ہمارے کام کی نہیں وہ حیدرآباد سے امداد حاصل کرنے کے سلسلے میں بابائے اردو کے

---

[1] یہ خط بابائے اردو کے مجموعۂ مضامین "چند ہم عصر" میں ایک مضمون کی شکل میں شامل ہے۔ اس کا یہ حصہ ملاحظہ ہو۔ لکھنے والے کا قلم چوم لینے کو جی چاہتا ہے:" وہ اپنے فن اور رنگ میں ایک تھا۔ اگرچہ ہمت کا کمزور اور لا ابالی تھا مگر دوستی کا سچا اور دھن کا پکا۔ یہ سچ ہے کہ وہ دنیا کے کام کا نہ تھا۔ خیال میں اس نے ایک ایسا عالم بنا رکھا تھا کہ عالمِ مثال بھی اس کے سامنے ہیچ تھا۔ وہ بہت کچھ کر سکتا تھا مگر اس کی ساری کائنات عالمِ خیال میں تھی جو کبھی شرمندۂ عمل نہ ہوئی۔ اس کا تخیل اس قدر بلند تھا کہ فہم وہاں تک پہنچتے پہنچتے لڑکھڑانے لگتا تھا۔"

بعض خطوط ملاحظہ فرمائیں جن میں انجمن کے بارے میں دفتری اور حکومتی معاملات اور مسئلوں کی نسبت بامحاورہ، مستند اور ٹکسالی زبان استعمال کی گئی ہے۔ حیرت ہوتی ہے کہ اصطلاحی امور پر بھی اتنی آسانی سے اظہارِ خیال کیا جاسکتا ہے۔

بابائے اردو کی خط نویسی کی ان چند خصوصیات کو جو میں نے اپنی ٹوٹی پھوٹی زبان میں بیان کی ہیں" مشتے نمونہ از خروارے" سمجھنا چاہیئے۔ اُن کی طرزِ انشا کے دل دادگان کو اس مجموعہ کے صفحات میں مختلف انواع کی ان سے بھی بدرجہا زیادہ خوبیاں ملیں گی۔ مجھ سے زیادہ قابل اصحاب کی نظر میں ان خطوط کے بعض ایسے پہلوؤں کا احاطہ کریں گی جن تک میری نظر نہیں پہنچ سکی ہے۔ حقیقت یہ ہے کہ مجھ سے اس موضوع پر لکھنے کا پورا پورا حق نہیں ادا ہو سکا اور ہو بھی کیوں کر؟

داماں نگہ تنگ و گل حسنِ تو بسیار
گلچینِ بہار تو ز داماں گلہ دارد!

"مسعود کی بے وقت موت کا صدمہ ایسا نہیں جو بیان میں آسکے۔ یہ داغ مدتوں رہے گا... میں اُن کی یادگار قائم کرنے کی فکر میں ہوں لیکن ابھی قطعی طور پر کچھ نہیں کہہ سکتا کیونکہ ہماری قوم کے اکثر بزرگوں کی موت پر ایسے منصوبے ہوئے اور کسی نے کچھ نہ کیا"

(مراسلہ بابائے اردو بنام جلیل قدوائی مورخہ ۲۴ اگست ۱۹۳۰ء)

"روزگارِ فقیر" کے غیر معتبر بیانات

یہ کتاب فقیر سید وحید الدین کی تالیف ہے جو علامہ اقبال کے عقیدت مندوں میں بڑی قدر کی نگاہ سے دیکھی جاتی ہے۔ بلاشبہ یہ بڑی محنت سے لکھی گئی ہے اور اس میں علامہ موصوف کے بارے میں ایسی ایسی معلومات ملتی ہیں جو اُن پر لکھی گئی دوسری کتابوں میں نہیں ملتیں۔ مگر افسوس کہ یہ کتاب بعض غیر معتبر بیانات سے خالی نہیں اور مزا یہ ہے کہ کسی کسی امر کے بارے میں یہ کہہ دینے میں بھی عجلت سے کام لیا گیا ہے کہ یہ واقعہ یا معاملہ پہلی بار اسی کتاب میں شائع ہو رہا ہے کہیں اور نہیں ملے گا۔

"روزگارِ فقیر" کا فقیر اسپننگ ملز لمیٹڈ ۳۶/۱ کیمبل اسٹریٹ، کراچی کا آرٹ پیپر پر شائع شدہ نسخہ بابت ۱۹۶۳ء جس میں "غیر معمولی" اضافے کئے گئے ہیں میرے سامنے ہے۔ غیر معتبر بیانات پیش کرنے کے سلسلے میں میں نے تاریخوں یا کتاب مذکور کے صفحات کی ترتیب کا خیال نہیں کیا ہے۔ واقعات کی اہمیت کے لحاظ سے ان کا تذکرہ کیا ہے! اس کتاب میں علامہ اور سید راس مسعود کے تعلقات کے بارے میں بہت کچھ لکھنے کے ساتھ ساتھ صفحات ۶۴-۱۶۳ پر مؤلف نے یہ بھی لکھا ہے کہ علامہ نے مسعود صاحب کی صاحبزادی نادرہ کا (جو بعد

یں بیگم احسان رشید ہوئیں اور افسوس کہ اب مرحوم ہو چکیں، قطعۂ تاریخ پیدائش نظم فرمایا تھا' لیکن اگرچہ یہ صحیح ہے کہ نادرہ مسعود کا نام علامہ ہی کی تجویز کے مطابق رکھا گیا تھا' ان کی پیدائش کا قطعۂ تاریخ علامہ کا کہا ہوا نہیں ہے۔

اس سلسلے میں کتابِ مذکورہ کی پوری عبارت یہ ہے' "ڈاکٹر صاحب نے نادرہ مسعود کی پیدائش پر تاریخی قطعہ قلم بند کرایا۔ یہ یکم مارچ ۱۹۳۶ء کا واقعہ ہے۔ یہ اشعار جواب سے ۲۳ سال قبل کہے گئے تھے کسی کتاب یا رسالے میں آج تک شائع نہیں ہوئے پہلی بار اس کتاب کی زینت بنے ہیں۔ ان اشعار کی ایک خصوصیت تو یہ ہے کہ سر سید احمد خاں کے پورے خاندان کو خراجِ تحسین پیش کیا گیا ہے۔ دوسری خصوصیت یہ ہے کہ پاکستان اور ہندوستان کے گھرانوں میں لڑکی پیدا ہونے پر جس سرد مہری اور بے دلی کا مظاہرہ کیا جاتا ہے اس کا ازالہ ڈاکٹر صاحب نے ان اشعار میں بڑے ہی حکیمانہ انداز میں فرمایا ہے ؎

راس مسعود جلیل القدر کو
جو کہ اصل و نسل میں مجدود ہے
یادگارِ سید والا گہر
نورِ چشم سید محمود ہے
راحت و جانِ جگر دختر ملی
شکرِ خالق منتِ معبود ہے
خاندان میں ایک لڑکی کا وجود
باعثِ برکاتِ لامحدود ہے

کس قدر برجستہ ہے تاریخ بھی

باسعادت دخترِ مسعود ہے

یکم مارچ ۱۹۳۷ء   بھوپال (محمد اقبال)

اس قطعہ کا تیسرا شعر ؎

خاندان میں ایک لڑکی کا وجود

باعثِ برکاتِ لا محدود ہے

حکیمانہ ہی نہیں مسلمانہ بھی ہے اور رسول اللہ صلی اللہ علیہ وسلم کے قول و عمل کا ترجمان ہے کہ حضور اپنی لختِ جگر اور سعادت مند بیٹی سیدہ فاطمۃ الزہرا رض کو بے حد و بے انتہا چاہتے تھے۔ اس لئے کسی گھر میں بھی لڑکی کی پیدائش غم کی نہیں خوشی کی بات ہے۔ بیٹے کی طرح بیٹی بھی اللہ تعالیٰ کی دین ہے۔

اس سلسلے میں مولوی محمد امین زبیری مرحوم سابق مہتمم تاریخ ریاست بھوپال کا سید راس مسعود کے نام بھوپال بھیجے ہوئے ایک خط کا یہ اقتباس ناظرین کی دلچسپی کا موجب ہوگا: "آپ نے یہ نہ لکھا کہ بیگم صاحبہ اور صاحبزادی کا مزاج کیسا ہے اور صحت کیسی ہے۔ اچھا سنئے کہ ایک متشاعر نے تاریخ لکھی ہے 'علیگ' میں شائع ہوئی ہے:" پھر یہی قطعہ لفظ بہ لفظ درج ہے۔ اس کے بعد لکھا ہے "پہچانئے کون ہے؟" علیگ ایک ہفت روزہ اخبار تھا جو علی گڑھ سے شائع ہوتا تھا۔ اس خط پر تاریخ اور مقام درج نہیں ہے مگر اس کے بھوپال میں وصول ہونے کی تاریخ ۲۲ مارچ درج ہے۔

سید راس مسعود نے امین زبیری صاحب کو جواباً جو "خانگی" خط لکھا اس کا ابتدائی حصہ غور طلب ہے۔

"بھوپال، ۲۳ مارچ ۱۹۳۷ء

مکرمی جناب مولوی محمد امین صاحب تسلیم، آپ کا بھیجا ملا تاریخ کا خط مجھے ملا جس میں یحییٰ کی ولادت کی تاریخ ازراہِ عنایت آپ نے درج فرمائی ہے یہ غالباً احسن صاحب کی فکر کا نتیجہ ہے۔ اگر میرا خیال درست ہو تو ازراہِ عنایت میرا شکریہ ان تک پہنچا دیجئے۔ ہولی کی تعطیلات میں، میں پرسوں صبح انشاء اللہ اندور جا رہا ہوں۔ خدا سے امید ہے کہ بیوی اور یحییٰ کو خیریت سے پاؤں گا۔"[1]

میں نے ابھی عرض کیا کہ زبیری صاحب کے اس خط پر یہ درج نہیں ہے کہ انھوں نے سید راس مسعود کو کہاں سے خط لکھا تھا نہ اس کا لفافہ موجود ہے کہ ڈاک خانہ کی مہر سے پتہ چل سکے۔[2] مگر میرے پاس اُن کے دوسرے خطوط میں ان کا پتہ "فرید منزل، ڈاکخانہ علی گڑھ" درج ہے۔ نیز چونکہ میرے علی گڑھ کے قیام کے زمانے میں وہ بھوپال کی ملازمت سے

---

[1] نہ صرف یہ دونوں خطوط پورے کے پورے بلکہ متعدد متفرق مسائل پر مشتمل طویل زبیری مسعود مراسلت بھی راس مسعود سوسائٹی کی مطبوعات "شعلۂ مستعجل" اور "اوراق گل" میں شائع کر چکا ہوں۔

[2] برسبیل تذکرہ اُس زمانے میں آج کل کے برخلاف ڈاک خانہ کی مہریں اتنی صاف ہوتی تھیں کہ تاریخ اور وقت پڑھ لیا جاتا تھا الا ماشاء اللہ اور بھیجنے والے اور وصول کرنے والے دونوں ڈاک خانوں کی مہریں لازماً لگائی جاتی تھیں۔

سبک دوش ہو کر علی گڑھ آ گئے تھے اور چونکہ ان کا وطن قصبہ مارہرہ ضلع ایٹہ تھا، وہ علی گڑھ سے وقتاً فوقتاً وہاں تشریف لے جاتے رہتے تھے۔ بس یہ ذاتی طور پر جانتا ہوں کہ انھوں نے مستقل قیام علی گڑھ ہی میں اختیار کر لیا تھا۔ ہم دونوں کا ایک دوسرے کے ہاں آنا جانا بھی تھا[1] اور اس زمانے کے تمام اربابِ علی گڑھ اس کی تصدیق کریں گے کہ وہ علی گڑھ ہی میں رہتے تھے۔ چنانچہ یہ طے ہے کہ یہ خط علی گڑھ سے بھیجا گیا تھا۔ علی گڑھ میں مولانا احسن مارہروی کے سوا جو یونیورسٹی میں اردو کے اُستاد تھے، احسن تخلص کا اور کوئی شاعر نہیں تھا بلکہ اس زمانے میں احسن تخلص کا کہیں اور بھی کوئی قابلِ ذکر شاعر میرے علم میں نہیں۔ چنانچہ یہ بھی طے ہے کہ یہ قطعہ انھیں کا کہا ہوا ہے۔

اس کے علاوہ میں نے مولانا احسن سے انٹرمیڈیٹ کی جماعتوں میں اردو پڑھی تھی اور ان سے اُن کے دولت کدے پر مری صحبتیں رہتی تھیں انھوں نے میرے پہلے مجموعۂ کلام "نقشِ دلنگار" پر مقدمہ لکھا تھا اور بعد میں رشید صدیقی صاحب کی سرکردگی میں وہ اردو شعبہ

---

[1] ہمارا ایک دوسرے کے ہاں آنا جانا پاکستان میں بھی رہا بلکہ ان کا اقبال کے بارے میں ایک نایاب مضمون بھی (افسوس کہ بوسیدہ شکل میں) میرے پاس اب تک موجود ہے جو وہ ہمارے محکمۂ مطبوعات کی جہاں میں اسسٹنٹ ڈائریکٹر تھا، ایک کتاب پر لکھ کر میرے پاس لائے تھے جسے بوجوہ شائع نہیں کیا گیا۔ ایک کتابچہ بہ عنوان "عورت اور عسکریت" بھی لکھ کر لائے تھے۔ اسے ہم نے خرید اور ایڈٹ کر کے شائع کیا تھا۔

اردو میں ایک ہی وقت میں استاد بھی رہے۔ میں اُن کے مزاج شعر گوئی سے واقف ہوں۔ وہ اپنے زمانے میں اردو زبان و ادب کے سربرآوردہ عالم اور محقق تھے۔ اُن کے مرتّبہ "دیوانِ دلی" کا جو بابائے اردو نے انجمن ترقی اردو (ہند) سے شائع کیا ہر طرف شہرہ تھا۔ وہ داغ کے شاگردِ رشید تھے اگرچہ ان کی غزل میں داغ کی شوخی بے باکی اور ہوسناکی نہیں پائی جاتی۔ اس کے بجائے متانت اور غور و فکر اُن کی غزل کے طرۂ ہائے امتیاز تھے یہی غور و فکر اُن کی غزلوں کے مقابلے میں کہیں زیادہ اُن کی نظموں، تضمینوں، تخمیسوں قطعات وغیرہ کی بھی خصوصیات تھیں۔ موخرالذکر اصناف میں کثرت سے شعر کہنا ہی اس امر کا ثبوت ہے کہ وہ سنجیدہ، متین اور واقعاتی شاعری کرتے تھے۔ تاریخ نویسی میں بھی انھیں خاص ملکہ حاصل تھا۔ زیرِ نظر قطعہ تاریخ بھی انھیں خصوصیات کا آئینہ دار ہے۔ چنانچہ یہ داخلی ثبوت اس امر کا ہے کہ یہ مولانا احسن مارہروی ہی کا کہا ہوا ہے۔ یوں بھی علامہ اقبال کے لئے تاریخ گوئی میرے علم کے مطابق کبھی باعث شرف و امتیاز نہیں رہی۔ اگرچہ کسی زمانے میں انہوں نے تاریخ گوئی کا شغل بھی کیا۔

البتہ یہ بات سمجھ میں نہیں آتی کہ مولانا احسن سادات بلگرام کے ایک معزز فرد تھے۔ ان کا خاندان بلگرام سے مارہرہ منتقل ہو گیا تھا اور وہ خود سید یا شاہ علی احسن کہلاتے تھے۔ مارہرہ کے مشہور پیر طریقت تھے، لوگوں نے اُن کے ہاتھ پر بیعت کی تھی۔ اُن کے بزرگوں کا عرس ہوتا تھا اور وہ سجادہ نشین تھے وغیرہ وغیرہ۔ لیکن ایسی محترم شخصیت اور مستند محقق اور شاعر کو مارہرہ ہی کے ایک دوسرے

بزرگ نے "متشاعر" کیوں کہا۔ میں نہیں کہہ سکتا کہاں تک امین زبیری صاحب نے اپنی ہر دو کی کم و بیش ہم عمری کے تحت یا بے تکلفی اور مذاق میں یا کسی معاصرانہ چشمک کے سبب سے ایسا کہا۔

زیر بحث قطعۂ تاریخ' کا علامہ کا کہا ہوا نہ ہونا اور مولانا احسن مارہروی کا کہا ہوا ہونا ثابت ہونے کے بعد اور اتنے طولانی عرصے تک اصل شاعر کی حق تلفی کے صلے میں نیز مولانا کے لئے امین زبیری صاحب کی طرف سے لفظ "متشاعر" کے ناواجب استعمال کے توڑ میں کم از کم اتنا تو ہونا چاہیئے کہ مؤلف نے جو اوصاف اس قطعۂ تاریخ کے گنائے ہیں وہ مولانا کے حساب میں لکھے جائیں۔ میرے خیال میں ناظرین اس سے دریغ نہ کریں گے۔ اس کے ساتھ سید راس مسعود کو بھی اس امر کی داد ملنی چاہیئے کہ انھوں نے مولانا کا رنگِ سخن پہچان کر کتنی آسانی اور نکتہ سنجی سے اندازہ لگا لیا کہ وہ انھیں کا کہا ہوا ہے۔ تیر نشانے پر بالکل ٹھیک بیٹھا اور ایسا کیوں نہ ہوتا۔ آخر موصوف انیسویں صدی عیسوی میں اردو کے سب سے بڑے محسن سرسید کے پوتے، عثمانیہ یونیورسٹی کے ایک سربرآوردہ بانی و سرپرست نیز خود اردو شاعری کے ایک تاریخی اور یادگار مجموعہ "انتخابِ زرّیں" کے مؤلف تھے۔ اور علی گڑھ مسلم یونیورسٹی میں اردو کی اعلیٰ تعلیم کا انتظام انھیں نے کرایا تھا۔

غیر معتبر بیان کی ایک اور مثال "پس چہ باید کرد اے اقوامِ شرق" کے سلسلے میں پیش کی جاتی ہے۔ اس کا حال "روزگار فقیر" کے صفحات ۱۹-۱۱۵ پر پھیلا ہوا ہے اس مثنوی کی تصنیف کے بارے میں مؤلف

کا بیان ہے کہ علامہ اپنے قیام انارکلی کے زمانے میں ایک بار سوتے سوتے جاگ اُٹھے تو قلب پر شعر کے "نزول یا آمد" کی کیفیت تھی، چونکہ دوسری منزل پر سوتے تھے اور لکھنے پڑھنے کا سامان نچلی منزل پر تھا، پہلی منزل پر تشریف لائے اور نزولِ شعر کی کیفیت ختم ہونے تک جتنے اشعار ہوگئے لکھ لیے۔ اس کے بعد پھر سونے کے لیے اوپر جانے لگے تو اچانک ایک درویش صفت بزرگ نظر آئے جو کہہ رہے تھے "پانچ سو آدمی پیدا کرو، پانچ سو آدمی پیدا کرو"۔ یہ داستان طویل ہے۔ قصہ مختصر بزرگ تو دروازہ کے بجائے کھڑکی سے دھواں بن کر غائب ہوگئے اور کچھ عرصے کے بعد علامہ سیالکوٹ گئے تو اپنے والد صاحب قبلہ سے اس واقعہ کا ذکر کیا۔ محترم نے فرمایا اُن بزرگ کا علامہ سے پانچ سو اشعار کی کوئی کتاب لکھوانے کا تقاضا تھا۔ چنانچہ جناب مؤلف فرماتے ہیں کہ قارئین علامہ کی مثنوی "پس چہ باید کرد اے اقوامِ شرق" کا جس میں پانچ سو اکتیس" یعنی پانچ سو اشعار سے کم نہیں بلکہ کچھ زیادہ اشعار ہیں اس بیان کے پس منظر میں" تصور کریں بلکہ اسے ایک بار پڑھیں۔"

آگے چل کر جناب مؤلف فرماتے ہیں کہ اس مثنوی کے بارے میں صہبا لکھنوی مدیر "افکار" کراچی نے پروفیسر نواب علی کا ایک مضمون ۱۹۶۲ء کے شمارے میں شائع کیا تھا۔ نیز مؤلف پروفیسر موصوف سے جو علامہ کے مقربین میں سے تھے مثنوی مذکورہ اور "پانچ سو آدمی پیدا کرو" کے تعلق کے بارے میں ممکنہ معلومات حاصل کرنا چاہتے تھے مگر معلوم ہوا وہ مضمون اصل میں ۱۹۳۵ء کا لکھا ہوا اور

شائع شدہ تھا اور "افکار" میں دوبارہ اشاعت پذیر ہوا تھا نیز پروفیسر موصوف کا انتقال ہو چکا تھا۔ چنانچہ مؤلف کی یہ آرزو پوری نہ ہو سکی۔

واضح ہو کہ علامہ اقبال کے قیام انار کلی کا زمانہ ۱۹۰۸-۲۲ء ہے۔ اسی زمانے میں کسی وقت مؤلف کے بیان کے مطابق علامہ کو وہ بزرگ نظر آئے ہوں گے جنھوں نے پانچ سو آدمی پیدا کرنے کی تلقین کی تھی اور جس کی توضیح علامہ کے والد ماجد نے پانچ سو اشعار کی کتاب تصنیف کرنے سے کی۔ لیکن مثنوی مذکورہ کا سال تصنیف ۱۹۳۶ء ہے۔ سمجھ میں نہیں آتا کہ کتاب اتنی دیر میں کیوں تصنیف ہوئی پھر علامہ کی وفات ۱۹۳۸ء میں واقع ہوئی یعنی تصنیف مثنوی کے دو سال بعد۔ مگر پروفیسر نواب علی نے اس پر مضمون ۱۹۳۵ء میں یعنی تصنیف سے ایک سال قبل لکھا۔ یہ امر بھی

ع اک معمہ ہے سمجھنے کا نہ سمجھانے کا! (فانی)

آیئے پتہ چلائیں کہ مثنوی مذکورہ اصل میں کیوں کر تصنیف ہوئی۔

اس معاملے پر سید راس مسعود کے نام علامہ اقبال کے خط مکتوبہ لاہور، تاریخ ۲۹ جون ۱۹۳۶ء کے حسب ذیل اقتباس سے پوری پوری روشنی پڑتی ہے۔ "۳ اپریل کی شب کو جب میں بھوپال میں تھا میں نے تمہارے دادا علیہ الرحمتہ کو خواب میں دیکھا۔ مجھ سے فرمایا کہ اپنی علالت کے متعلق حضور رسالت مآب کی خدمت میں عرض کر۔ میں اسی وقت بیدار ہو گیا اور کچھ شعر عرض داشت کے طور پر فارسی زبان میں لکھے۔ کل ساٹھ شعر ہوئے۔ لاہور آ کر خیال ہوا کہ یہ چھوٹی سی نظم ہے اگر کسی

زیادہ بڑی مثنوی کا آخری حصہ ہو جائے تو خوب ہو۔ الحمد للہ کہ یہ مثنوی بھی اب ختم ہو گئی ہے۔ مجھ کو اس مثنوی کا وہم و گمان بھی نہ تھا۔ بہر حال اس کا نام ہو گا 'پس چہ باید کرد اے اقوامِ شرق'۔ ضربِ کلیم کی طباعت کے بعد اس کی کتابت شروع ہو گی۔ انشاء اللہ"۔

یہ خط بھی میرے ذخیرۂ دستاویزات میں موجود ہے۔ اور نہ صرف "قومی زبان" کراچی کے "بابائے اردو نمبر" بابت ستمبر ۱۹۶۹ء اور بعدہٗ راس مسعود ایجوکیشن اینڈ کلچر سوسائٹی کے مجموعۂ مضامین "خیابانِ مسعود" مطبوعہ ۱۹۷۰ء میں شائع ہو چکا ہے بلکہ سید الطاف علی بریلوی مرحوم مجھ سے حاصل کر کے علامہ کے جشنِ صد سالہ کے سلسلے میں 'العلم' کراچی کے اقبال نمبر بابت جولائی تا دسمبر ۱۹۷۷ء کے سرورق کے اندر بھی چھاپ چکے ہیں۔ اس کے علاوہ اسی مضمون کا ایک مکتوب نمبر ۲۴۳ "مکتوبات اقبال" حصہ اوّل میں بھی موجود ہے[1] جس میں ۳ اپریل کے خواب کا ذکر ہے۔ معلوم نہیں مؤلف "روزگارِ فقیر" کو پانچ سو آدمی پیدا کرنے والا لطیفہ کہاں سے ہاتھ آیا جو وہ فرماتے ہیں علامہ کے قیام انارکلی (۲۲-۱۹۰۸ء) کے زمانے کا ہے اور انہوں نے اسے اس مثنوی کے ضمن میں کیسے لکھا۔ خیر "روزگارِ فقیر" کا زیرِ نظر ایڈیشن ۱۹۶۲ء میں شائع ہوا تھا اس وقت تک ممکن ہے مؤلف کو صحیح صورتِ حال کا علم نہ ہوا ہو مگر اصل صورتِ حالات کی جو اوپر بیان ہوئی اشاعت کے بعد کوئی تردیدی بیان بھی ان کا میری نظر سے نہیں گزرا۔

---

[1] بحوالہ "معارفِ اقبال" از ڈاکٹر غلام مصطفےٰ خاں۔

ایک مثال بیان کے تضاد کی بھی نظر سے گزری۔ اپنے استادِ محترم (شمس العلما مولوی سیّد میر حسن) کی عظمت کے اعتراف میں علامہ نے ۱۹۱۳ء میں کسی وقت اپنی قیام گاہ واقع انارکلی میں سید محمد عبداللہ (میر حسن قبلہ کے پوتے) سے ایک صحبت میں فرمایا: "عبداللہ جی! یورپ کا کوئی ایسا بڑا عالم یا فلسفی نہیں ہے، مستشرق یا مستغرب، جس سے میں نہ ملا ہوں یا کسی نہ کسی موضوع پر بے جھجک بات نہ کی ہو لیکن نہ جانے کیا بات ہے۔۔۔ شاہ جی (میر حسن صاحب) سے بات کرتے ہوئے میری قوتِ گویائی جواب دے جاتی ہے۔ کبھی ایسا بھی ہوتا ہے کہ ان کے کسی نقطۂ نظر سے مجھے اختلاف ہوتا ہے لیکن دل کی یہ بات بآسانی زبان پر لا نہیں سکتا۔"

مگر مؤلف کو یاد نہیں رہا کہ اڑتیس صفحات قبل یعنی صفحہ ۱۷۱ پر انھوں نے علامہ کو اپنے ایک فارسی مصرعہ کی ایک ترکیب کی حمایت میں جو اُستادِ محترم کے نزدیک قابلِ اعتراض تھی اور انھوں نے اس مصرعہ میں اصلاح بھی تجویز کر دی تھی اُستاد سے بے تکلف اور بے جھجک اختلاف کرتے اور اپنی بات منوانے کی سعی کرتے دکھایا ہے۔ اس کا قصہ یوں ہے کہ علامہ نے سیّد محمد عبداللہ کو اپنے کچھ اشعار سنائے جن میں ایک شعر یہ تھا ؎

طور موجے از غبارِ خانہ اش
کعبہ را بیت الحرم کاشانہ اش

اس پر سید صاحب معترض ہوئے کہ "موجِ باد اور موجِ آب تو سنا تھا لیکن موجِ غبار یا موجِ خاک کی ترکیب پہلی بار سنی ہے۔"

علامہ نے فرمایا "وہ شاہ جی کی لغت رکھی ہے اس میں ابھی دیکھے لیتے ہیں"۔ مگر یہ ترکیب اس میں نظر نہ آئی تو علامہ نے فرمایا کہ جو مفہوم ان کے ذہن میں ہے وہ اسی ترکیب سے ادا ہوتا ہے۔ بات آئی گئی ہوئی مگر کچھ دن بعد سیالکوٹ میں استاد اور علامہ دونوں کے مواجہ میں سید محمد عبداللہ نے یہ مسئلہ اٹھایا تو علامہ نے اسے پسند نہیں کیا اور "انھوں نے سید محمد عبداللہ شاہ صاحب کی طرف خشمگیں نگاہوں سے دیکھا۔" مولوی سیّد میر حسن صاحب نے اقبال کا شعر سُنا تو مصرعِ ثانی کے بارے میں جس میں قابلِ اعتراض ترکیب واقع تھی فرمایا اسے یوں بھی کہا جا سکتا ہے:

ع طور مشتے از غبارِ خانہ اش

مگر علامہ نے اصلاح قبول نہیں کی اور بقول مؤلف فوراً بولے "میرا مقصد یہاں گویا بلور کے مانند شفاف بیان کرنا ہے، حجم بتانا نہیں۔ اس اصلاح کے بعد تو حجم متعین ہو جائے گا"۔ راقم سطور کا مطلب علامہ اقبال یا استاد میر حسن کے بیانات کی قدر و قیمت پر تبصرہ یا محاکمہ کرنا یا ایک سے اختلاف اور دوسرے سے اتفاق کرنا نہیں، صرف مؤلف کے بیان کا تضاد دکھانا ہے جنھوں نے ایک موقع پر کچھ اور کہا ہے اور دوسرے موقع پر کچھ اور۔

ان کے علاوہ دو ایک چھوٹی موٹی غلط بیانیاں اور بھی ہیں مثلاً صفحہ ۱۰۹ پر لیڈی راس مسعود (بعدۂ بیگم چھتاری) مرحومہ کے والد کا نام کرنل عبدالمجید خاں لکھا ہے جو غلط ہے۔ بیگم صاحبہ محترمہ جناب محمد عبدالرشید خاں وزیرِ داخلہ و مالیات، ریاستِ اندور کی صاحبزادی تھیں اور

موصوف علی گڑھ کے ان تین طلبہ میں سے تھے جو ولایت میں اعلیٰ تعلیم حاصل کرنے کی غرض سے علی گڑھ سے رخصت کئے گئے تھے، اگرچہ وہ روانہ آگے پیچھے ہوئے۔ دوسرے دو سید راس مسعود اور ہارون خان شروانی تھے۔ ان تینوں کو اسٹریچی ہال میں اک ساتھ شاندار ڈنر دیا گیا تھا اور نواب محسن الملک نے الوداعی تقریر کی تھی اور دوسرے طلبہ کے لئے کالج کے تمام طلبہ کی موجودگی میں انھیں مثال کے طور پہ پیش کیا تھا۔

اسی طرح صفحہ ۱۷۶ پر آغا طاہر مرحوم کو مولانا محمد حسین آزاد کا پوتا لکھا ہے۔ دراصل وہ آزاد کے نواسے (نبیرہ) اور آغا محمد اشرف اور آغا محمد باقر کے بڑے بھائی تھے۔ علامہ کی صاحبزادی منیزہ کی تعلیم و تربیت کے لئے رشید صدیقی صاحب کی معرفت علی گڑھ سے جو جرمن خاتون بھیجی گئی تھیں، یونیورسٹی میں جرمن زبان کے عارضی لکچرار نامور عبدالستار خیری کی جرمن نژاد بیگم صاحبہ کی ہمشیرہ تھیں۔ مؤلف نے صفحہ ۲۰۳ پر انھیں "پروفیسر کی ہمشیرہ" بتایا ہے جس سے کچھ واضح نہیں ہوتا اور جو سراسر غلط فہمی بلکہ ناواقفیت پر مبنی ہے۔

"روزگار فقیر" جیسی کتاب میں جس میں صفحات ۸-۲۷۳ پر خود اس امر کی شکایت کی گئی ہے کہ علامہ کے حالات پر کتابیں لکھنے والے ان کے ساتھ اپنی عقیدت کے زعم میں واقعات کی جانچ پڑتال کئے بغیر "افسانہ نہ وند" کے جرم کے مرتکب ہوتے ہیں ایسی غیر معتبر باتوں کی شمولیت اور زیادہ قابلِ افسوس ہے۔

لکھنؤ میں پروفیسر اسلم کے تین روز

کچھ عرصہ ہوا "العلم" میں پروفیسر محمد اسلم صاحب کا ایک مضمون "لکھنؤ میں تین روز" شائع ہوا تھا۔ پروفیسر صاحب کی لکھنؤ نیز نواحِ لکھنؤ کے تاریخی مقامات، اداروں نیز شخصیات سے عقیدت قابلِ قدر بلکہ قابلِ رشک ہے۔ اِس سے پہلے بھی غالباً اس سلسلے کے اُن کے دو ایک مضمون پڑھ چکا ہوں اور زیرِ نظر مضمون سے یہ معلوم ہو کر کہ اِس سفر میں اپنے ذوق کی تسکین کے لئے انھوں نے کتنے صعوبات اُٹھائے میرے دل میں موصوف کی قدر و قیمت اور بڑھ گئی۔ تحقیق کے دلدادگان کے لئے اُن کی یہ سعی و کاوش مثالی ہے اور ہر وقت نظروں کے سامنے رہنی چاہیئے۔

مگر اس مضمون میں واقعات اور اندازِ بیان کے سلسلے میں چند اُمور ایسے ہیں جن کے بارے میں کچھ کہنے سننے کی گنجائش ہے۔ چنانچہ ذیل میں عرض کرتا ہوں:۔

ا۔ ندوۃ العلما کو مولانا محمد علی مونگیریؒ کی یادگار بتایا گیا ہے۔ جہاں تک میں نے پڑھا ہے اس ادارہ کے قیام کا خیال اوّل

اول اول مولوی عبدالغفور صاحب ڈپٹی کلکٹر کو آیا تھا اور بعد مشورہ اُن کے دیگر احباب کے یہ ادارہ قائم ہوا تھا جس کی تکمیل مولوی سید محمد علی صاحب کانپوری خلیفہ حضرت مولانا فضل رحمٰن صاحب گنج مراد آبادی کے ہاتھوں ہوئی۔ مؤخر الذکر ہی اس کے بانی اور پہلے ناظم تھے۔ مولانا شبلی اور مولوی عبدالحق دہلوی نے اِس کے قواعد وضوابط مرتب کئے تھے۔ سر سید نواب محسن الملک اور نواب وقار الملک نے اس ادارہ کے اغراض و مقاصد کو پسند کیا تھا۔ تو کیا ندوہ کے قیام کے سلسلے میں پروفیسر صاحب کو مولوی عبدالغفور اور مولوی سید محمد علی صاحب کانپوری وغیرہ کے رول سے انکار ہے؟ نیز کیا دونوں محمد علی ایک ہی صاحب ہیں؟ تو پھر مونگیر سے اُن کی "نسبت" کا کیا مطلب ہے؟

۲۔ ندوۃ کا نام آئے اور مولانا شبلی کا تذکرہ نہ ہو یہ امر موجب حیرت ہے! حالاں کہ مضمون میں مولانا کے نامور شاگرد مولانا سید سلیمان کا ذکر موجود ہے۔ میرا خیال ہے کہ ندوۃ اور شبلی لازم و ملزوم ہیں اور اگرچہ مولانا شبلی نے علی گڑھ اور سر سید سے بہت کچھ حاصل کر کے علی گڑھ اور سر سید کی مخالفت کی اور ندوۃ میں بھی اپنے حسب منشا اپنی حسرتیں نہ نکال سکے تاہم اُن کی ندوہ کی خدمات عموماً اور تحقیقی فتوحات خصوصاً فراموش نہیں کی جا سکتیں۔ ندوہ کے سلسلے میں ان کے نام نامی کا نہ لیا جانا معلوم نہیں کس بنا پر مناسب سمجھا گیا۔ مولانا شبلی جنھوں نے

ندوۃ کی خاطر علی گڑھ کو چھوڑا کہہ سکتے ہیں

ع یہ جانتا اگر تو لٹاتا نہ گھر کو میں! (غالب)

۳۔ پروفیسر صاحب موصوف نے "کھانا لگ گیا بلکہ اہل زبان کی اصطلاح میں کھانا ہو گیا" تحریر فرمایا ہے۔ میں یہ دعویٰ تو ہرگز نہ کروں گا کہ اہلِ زبان ہوں بلکہ آج اردو زبان اتنی عالمگیر ہو چکی ہے کہ اس قسم کی بحثوں کو فضولیات میں سمجھتا ہوں لیکن تقسیم سے قبل اودھ کا باشندہ اور نواح لکھنؤ کا رہنے والا ضرور تھا۔ اُناؤ میرا سابق وطن وہ ضلع ہے جہاں سے حضرت عزیز صفی پوری (شاگرد غالب)، مولانا حسرت موہانی، جگت موہن لال رواں (شاگرد لسان الہند حضرت عزیز لکھنوی) اور اس سے پہلے رائٹ آنریبل جسٹس سید امیر علی کے اسلاف اُٹھے، اور جہاں کی ایک قابل ذکر شخصیت سید ہاشم رضا کراچی کی ادبی و علمی محفلوں کی شمع اور ثقافتی اداروں کی جان ہیں۔ اُن کا اور موصوف کے برادر معظم نیز اردو کے صاحبِ طرز غزل گو سید آل رضا مرحوم کا سابق وطن نیوتنی اسی ضلع میں واقع ہے۔ میں نے ہمیشہ کھانا لگ گیا ہر شخص کی زبان سے سُنا اور میری والدہ محترمہ بھی یوں ہی بولتی تھیں جنہیں میں سند سمجھتا ہوں۔ آخر مادری زبان سند نہ ہوگی تو پھر کون سی زبان ہوگی؟ وہ ملیح آباد کی رہنے والی تھیں۔ وہاں سے جوشؔ جیسا قادر الکلام شاعر نکلا اور وہ (یعنی میری والدہ صاحبہ) اور میرے ماموں عرشؔ ملیح آبادی مرحوم جوشؔ صاحب کے ساتھ کھیلے تھے "کھانا ہو گیا" یوں بھی اہل زبان نہیں بول سکتے کیوں کہ "ہو گیا" میں "لگ گیا" سے زیادہ "ختم ہو گیا" کا مفہوم

نکلتا ہے جو بے برکتی کی علامت ہے۔ میرے سابق وطن کے علاقہ میں تو کھانا ختم ہو گیا کے موقع پر بھی دسترخوان اُٹھاؤ کے بجائے دسترخوان "بڑھاؤ" بولتے تھے جس میں برکت کا پہلو نکلتا ہے۔

۴۔ مخدوم شاہ میناؒ کے مزار پر فاتحہ پڑھنے کے بعد پروفیسر صاحب نے درگاہ کے سجادہ نشین جناب صابر علی مینائی سے فرمایا کہ "میں نے مخدومؒ کے ملفوظات پر تحقیق کا کام کیا ہے۔ غالباً ملفوظات سے مراد "فوائد سعدیہ" ہے جسے حضرت کے خلیفہ شیخ سعدالدین خیرآبادی نے اپنی عربی تصنیف "مجمع السلوک" میں شامل کر دیا تھا۔ دراصل یہ ملفوظات عربی میں تھے جن کا فارسی ترجمہ مولانا مرتضیٰ علی صفوی گوپامئوی نے کیا تھا اور اُس فارسی ترجمہ کی تلخیص اور اردو ترجمہ ہمارے دوست محمد خصلت حسین صابری مرحوم نے کیا تھا اور سال پاکستان ایجوکیشنل کانفرنس نے اسے ۱۹۶۳ء میں شائع کیا تھا۔ پروفیسر صاحب کو اپنے مضمون میں اس جگہ ایک فٹ نوٹ میں اشاعت کے بارے میں واضح کر دینا چاہیے تھا۔ یا مدیر العلم کو اس موقع پر اپنی طرف سے حاشیہ لکھ دینا تھا۔ یہ نہ معلوم ہوا کہ پروفیسر صاحب نے اُس میں کیا تحقیق فرمائی ہے اور کیا یہ ملفوظات پورے کے پورے ترجمہ کئے ہیں اور انہیں شائع کیا ہے یا ان پر کچھ اور کام کیا ہے؟

۵۔ پروفیسر صاحب نے آگے چل کر مولانا عبدالباری فرنگی محلیؒ کو مولانا حسرت موہانی کا مرشد بتایا ہے یہ صحیح ہے کہ حسرت کو مولانا عبدالباریؒ سے فیض پہنچا تھا مگر اصل میں وہ مولانا عبدالرزاق فرنگی محلیؒ

کے مرید تھے اور اُن کے وصال کے بعد ہی مولانا عبدالباریؒ سے
رجوع ہوئے اس لئے کہ یہ سلسلہ ایک ہی تھا۔ حسرت کی مشہور غزل ہے
جو اُن کی ۱۹۱۶ء کی اسیری کے زمانے میں اُن کے لکھنؤ جیل میں
منتقل ہونے کے موقع پر کہی گئی تھی ؎

اک خلش ہوتی ہے محسوس رگِ جاں کے قریب
آن پہنچے ہیں مگر منزلِ جاناں کے قریب
لکھنؤ آنے کا باعث یہ کھُلا آخر کار
کھینچ لایا ہے دل اک شاہدِ پنہاں کے قریب
وہ جو ہیں پاس تو محبس بھی ہے اک باغ ہمیں
کامرانی بھی نمودار ہے حرماں کے قریب

اس غزل کے مقطع میں مولانا رزاق سے اپنی مریدی کو یوں
واضح کیا ہے ؎

روز ہو جاتی ہے رویا میں زیارت حسرت
آستانِ شہ رزاق ہے زنداں کے قریب

اس میں راز یہ ہے کہ جیل مولانا عبدالرزاقؒ کے مزارِ مبارک کے
قریب تھا اور اس علاقہ میں تھا جو خود "رزاق کا باغ" کہلاتا ہے
(امید ہے کہ تقسیم ملک کے بعد بھی یہ نام نہ بدلا گیا ہوگا) نیز مقطع سے
پہلے والے مندرجہ شعر کے مصرعۂ اولیٰ میں لفظ "باغ" اسی رعایت سے
لایا گیا ہے اور اس سے بھی پہلے کے اشعار میں "منزلِ جاناں" اور
"شاہدِ پنہاں" کے اشارات بھی حضرت مولانا عبدالرزاقؒ کی طرف ہیں۔

۶۔ خیرآباد میں جس مزار پر پروفیسر صاحب تشریف لے گئے اس

کے کمین حضرت شیخ سعد الدینؒ خیر آبادی ہیں اور میں نے اُن کا نام اسی طرح پڑھا ہے۔ صرف شیخ سعدؔ کے بجائے اگر پورا نام لکھا جائے تو مناسب ہے۔ فیضی نے شاید ضرورتِ شعری کی بنا پر حضرت کے وصال پر اپنے قطعۂ تاریخِ وفات میں جسے پروفیسر صاحب نے اپنے مضمون میں درج کیا ہے صرف شیخ سعدؔ نظم کیا ہے۔

۷۔ مولانا فضلِ حق خیر آبادی کے ذکر میں آپ نے لکھا ہے "جنہوں نے اسد اللہ خاں کو غالب بنایا تھا" یہ اپنی جگہ پر صحیح ہے اور اہلِ علم اس جملے سے غالبؔ کے مروجہ دیوان کے انتخاب و ترتیب میں مولانا کے رول کو پوری طرح سمجھ جائیں گے مگر آج کل کے نیم پختہ طلبا و شائقینِ شعر و ادب بلکہ بعض اساتذہ کے استفادہ کے خیال سے بھی یہ امر صاف کر دیا جائے کہ غالبؔ جسے اُس کے اپنے زمانہ میں "مہمل گو" کہا جاتا تھا اور جس کے کلام کے بارے میں ایسے اشعار کہے جاتے تھے ؎

زبانِ میرؔ سمجھے اور بیانِ میرزا سمجھے
مگر ان کا کہا یہ آپ سمجھیں یا خدا سمجھے

اس کے کلام کو مقبول و معروف اور "بامعنی" بنانے کی خاطر اُس کا منتخب ایڈیشن شائع کرنے کا مشورہ دینے اور انتخاب کے ضروری کام میں خود حصہ لینے کا سہرا مولانا کے سر بندھتا ہے۔ حالیؔ اور عبدالرحمٰن بجنوری بعد میں آتے ہیں۔

۸۔ ریاضؔ خیر آبادی مرحوم کا مکان جس قسم کی "چھوٹی اینٹوں" سے بنا تھا وہ چھوٹی سے زیادہ پتلی (اگرچہ مضبوط) اور خوب گہرے سرخ

بلکہ کتھئی رنگ کی پکی اینٹیں ہوتی تھیں۔ انھیں "لکھوری اینٹ" کہتے ہیں یا کہتے تھے۔ اینٹوں کی مضبوطی کے ساتھ چونے کی جڑائی کی وجہ سے اُن کی بنی ہوئی عمارتیں نہایت دیرپا ہوتی تھیں اور اودھ کی تمام پختہ عمارتوں میں اُن کا استعمال عام تھا۔

۹۔ حکیم عبدالقوی صاحب کا ذکر "صدقِ جدید" کے سلسلے میں بالکل برمحل ہے اور "حکیم عبدالقوی جیسے انسان اب ڈھونڈے سے بھی نہیں ملتے" میں ذرہ برابر شک نہیں۔ اس میں "صدقِ جدید" کی نیچری کے علاوہ مولانا عبدالماجد دریابادی کے قرب کا فیض بھی شامل تھا، اگرچہ خود اُن کی اپنی خوبیاں کچھ کم نہ تھیں حکیم صاحب مولانا کے داماد بھی تھے۔

۱۰۔ آخر میں راقم بھی اپنے لکھنؤ کو ہرگز ہرگز نہیں بھول سکتا مگر پروفیسر صاحب نے اس سلسلے میں جو یہ شعر نقل کیا ہے ؎

خدا آباد رکھے لکھنؤ کو پھر غنیمت ہے
نظر کوئی نہ کوئی اچھی صورت آہی جاتی ہے

اسے ہم لوگ یوں پڑھیں گے ؎

خدا آباد رکھے لکھنؤ کو پھر غنیمت ہے
نظر یاں اک نہ اک دلچسپ صورت آہی جاتی ہے

یہ شعر میرے زمانے میں یعنی تقسیم ہند سے قبل یوں ہی پڑھا اور لکھا جاتا تھا۔ اُس زمانے کی چھپی ہوئی کتابوں میں بھی یوں ہی ملے گا اور میں اُمید کرتا ہوں کہ معنوی اعتبار سے بھی یہ لکھنؤ پر صادق آتا ہے۔ اچھی صورت تو معمولی صورت

بھی ہو سکتی ہے مگر "دل چسپ" کی ترکیب میں "دل چپاں" (یہ ترکیب مجبی ڈاکٹر عابد حسین مرحوم کی ایجاد تھی!) والی خصوصیت پائی جاتی ہے اور وہ صورت ہی کیا جس پر دل چسپاں نہ ہو جائے۔ لکھنؤ کی صورتوں میں یہ خصوصیت بیشتر موجود ہوتی تھی۔ آہ، لکھنؤ!

جب ہمارے اُردو اخبارات ایک طرف اپنے اداریوں میں لکھتے ہیں کہ پاکستان ایک نظریاتی مملکت ہے اور اسے اسلام کا نظامِ حیات نافذ کرنے کے لئے حاصل کیا گیا ہے، اس لئے یہاں عوامی مناصب پر صرف ان ہی لوگوں کو فائز ہونا چاہیئے جو نظریۂ پاکستان پر یقین کے ساتھ اسلامی ذہن و کردار کے مالک ہوں اور دوسری طرف اسی اشاعت میں رنگین اور باتصویر فیچر اس قسم کے موضوعات پر نکالتے ہیں کہ صوفیہ لارین بہ یک وقت دو مردوں کی محبت میں مبتلا ہو گئی اور آسیلسنے خاور سلطانہ کے شوہر سے شادی نہیں کی نیز ٹونی کرٹس تیسری شادی کی ناکامی کے بعد ماہر نفسیات کے پاس پہنچ گیا تو مجھے ان سے نہ صرف بدترین بوئے منافقت آنے لگتی ہے بلکہ میں اس سوچ میں بھی پڑ جاتا ہوں کہ کیا ہمارے اخبارات اپنے پیشہ اور فن کا کوئی بلند معیار بھی پیش کر رہے ہیں۔ یہ سوال الگ رہا کہ وہ اسلام کی خدمت اور قوم کی رہنمائی کے کہاں تک اہل ہیں!

— ج۔ق (چشمۂ آفتاب)

"گردِ راہ" کی گرد

ڈاکٹر اختر حسین رائے پوری کی خود نوشت "گردِ راہ" میں نے عرصہ ہوا بڑے شوق اور دلچسپی سے پڑھی تھی اور اس سے بہت مستفید ہوا۔ اس کے روشن پہلوؤں کے بارے میں مختصراً یہ کہوں گا کہ اگرچہ بعض مقامات پر واقعاتی نقطۂ نظر سے کہنے سننے کی خاصی گنجائش ہے، پھر بھی صہبا لکھنوی صاحب کے ان خیالات سے کم و بیش متفق ہوں کہ یہ کتاب "علم و ادب، تہذیب و فکر، سیاست و تمدن، سیر و سیاحت، مشاہدہ و مطالعہ اور عصری آگہی کی ایسی جامع دستاویز ہے جس کی نظیر سوانح عمریوں کے سرمائے میں شاید ہی دستیاب ہو" میں صہبا لکھنوی صاحب کے اس یقین میں بھی شریک ہوں کہ "یہ کتاب اُردو ادب میں ۔۔۔ حوالے کا کام دے گی۔" سچ پوچھیے تو میری اس تحریر کی ایک بڑی وجہ آئندہ اس کتاب کے بہ طورِ حوالہ کے استعمال ہونے کا یقین بھی ہے، اسی لیے نہیں چاہتا کہ اس کے غلط یا کمزور بیانات کی طرف ناظرین کو متوجہ نہ کیا جائے۔

جب "گردِ راہ" کراچی کے ماہ نامہ "افکار" میں قسط وار

شائع ہو رہی تھی، اس وقت میں نے اس کے بعض بیانات کے غلط یا مشکوک ہونے کے بارے میں صہبا صاحب کو لکھا تھا۔ موصوف نے مجھے جواب میں مطلع کیا کہ انھوں نے ڈاکٹر صاحب سے اس مسئلے پر بات کی تو موصوف نے فرمایا کہ کتابی شکل میں شائع ہونے کے موقع پر وہ ان امور پر غور کرلیں گے۔ مگر کتاب چھپ کر سامنے آئی تو میں نے دیکھا کہ اس میں وہ بیانات جوں کے توں موجود ہیں۔ لہٰذا مجھ پر لازم آیا کہ ان کے متعلق اپنی معلومات بھی ناظرین کے علم میں لے آؤں اور متعلقہ امور اور صورتِ حالات پر تبصرہ کروں۔ ڈاکٹر صاحب میرے زمانے میں علی گڑھ میں تھے مگر مجھ سے بہت جونیر تھے یعنی میں گریجویٹ ہو کر یونیورسٹی کی ملازمت میں آچکا تھا اور وہ طالب علم تھے۔ چنانچہ ہو سکتا ہے کہ اس فرق کی وجہ سے انھیں حالات کی تحقیق میں مناسب درخور نہ ملا ہو یا میرے علی گڑھ چھوڑنے کے بعد وہاں کے حالات بدل گئے ہوں جس کی خبر مجھے نہ ہو بہر حال کئی چیزوں کے بارے میں بوجوہ

ع مجھے کہنا ہے کچھ اپنی زباں میں! (حالی)

میں متعلقہ واقعات کے بیان میں وہی تسلسل قائم رکھوں گا جو کتاب میں پایا جاتا ہے۔

(۱)

کتاب کے صفحہ ۸، پر درج ہے کہ "سالانہ مشاعرے کے موقع

پر جگر صاحب جب علی گڑھ آتے تو صدیقی صاحبؒ کو اُن کی خاطر منظور ہوتی اور بازار سے ایک آدھ بوتل منگوا دیتے ....
ایک بار انھوں نے بوتل اس تاکید کے ساتھ میرے سپرد کی کہ جگر کو سرور ہو نشہ نہ ہونے پائے۔"

لیکن جگر اور رشید صاحب کے تعلقات کے بارے میں میرا تجربہ بالکل مختلف ہے۔ اس زمانے میں جگر صاحب شراب میں دُھت رہتے تھے اور رشید صاحب ان کی شاعری سے سے لطف اندوز ضرور ہوتے تھے مگر اسے جگر کے مرشد معنوی اصغر صاحب کے مقابلے میں کوئی غیر معمولی درجہ نہ دیتے تھے۔ میرے خیال میں یہ صحیح بھی تھا اس لئے کہ جگر کی شاعری نے جو کمال اصغر صاحب کی وفات کے بعد حاصل کیا اصغر صاحب کی زندگی میں انھیں وہ نہیں حاصل ہوا تھا۔ اس وقت جگر کا کمال خیال و معنی سے کہیں زیادہ ان کے ترنم یعنی شعر پڑھنے کے انداز سے مخصوص تھا یہاں تک کہ اس سلسلے میں ان کے مقلدین پیدا ہو گئے جنھوں نے جگر صاحب کے شعر پڑھنے کے انداز کو ایک حد تک رواج بھی دیا۔ خود جگر صاحب کو اصغر صاحب کے مقابلے میں اپنی

سلہ رشید احمد صدیقی صاحب مراد ہیں جو میرے زمانے میں شعبۂ اُردو میں لکچرر تھے۔ بعد میں ریڈر اور صدر شعبہ ہوئے۔ میرا قیام علی گڑھ میں ۱۹۲۲ء تا ۱۹۳۶ء رہا۔ اس اثنا میں دو سال کے لیے اُردو میں ایم اے کرنے الٰہ آباد ضرور گیا مگر علی گڑھ آتا جاتا رہا۔

شاعرانہ حیثیت کے بارے میں اتنا احساسِ کمتری تھا کہ ان کے مرنے کے بعد اپنی بے کمالی کا یوں اعتراف کیا ؎

سمجھا کے پستیاں مرے اوجِ کمال کی
اپنی بلندیاں وہ دکھا کر چلے گئے!

آپ نے دیکھا یہ اعتراف جگر صاحب کی اصغر صاحب کے ساتھ عام نیازمندی سے جس کا اعتراف وہ اس سے پہلے بارہا اپنے اس قسم کے اشعار میں کر چکے تھے بالکل مختلف بلکہ گہری معنویت کا حامل تھا ؎

حریمِ حسنِ معنیٰ ہے جگر کاشانۂ اصغر
جو بیٹھو با ادب ہو کر تو اٹھو باخبر ہو کر

یوں تو ہونے کو جگر اور بھی ہیں اہلِ کمال
خاص ہے حضرتِ اصغر سے ارادت مجھ کو[1]

---

۱ ناظرین کے غور کی غرض سے فوری طور پر اصغر صاحب کے تین شعر ذہن میں آ گئے۔ ایسے اشعار کا جواب جگر صاحب کے بہترین دورِ شاعری میں بھی تلاش کرنا مشکل ہوگا۔ غزل بھی عجیب صنفِ سخن ہے۔ حسن و عشق کے پارینہ مضمون کے باوجود مزاجِ شاعر مختلف ہونے سے کلام میں زمین و آسمان کا فرق پیدا ہو جاتا ہے۔ اصغر صاحب کے وہ تین شعر ملاحظہ ہوں ؎

ہمہ تن ہستیِ خوابیدہ مری جاگ اٹھی — ہر بنِ مو سے مرے اس نے پکارا مجھ کو
میں سمجھتا تھا مجھے ان کی طلب ہے اصغر — کیا خبر تھی وہی لے لیں گے سراپا مجھ کو
میری محرومی کے اندر سے یہ دی اس نے صدا — قرب کی راہوں میں میری راہ اک دوری بھی ہے!

چنانچہ جیسا اوپر عرض کیا گیا رشید صاحب جگر کی شاعری سے بہ قدر مناسب ہی لطف اندوز ہوتے تھے اور ان کے ساتھ بے تکلفی کا تو سوال ہی پیدا نہیں ہوتا تھا۔ یہی نہیں بلکہ رشید صاحب اصغر صاحب کے ساتھ جگر کی موجودگی میں اصغر صاحب کے جگر پر چُست کیے ہوئے فقروں اور انھیں آڑے ہاتھوں لیئے جاتے سے بھی خوب لطف اندوز ہوتے تھے[1]۔ جگر صاحب کے ساتھ رشید صاحب کا انداز مربیانہ سا تھا اور ایسا کیوں نہ ہوتا جب کہ وہ ان کے مربی نہیں تو مخدوم اور استادِ معنوی کے برابر کے دوست تھے۔ جگر صاحب رشید صاحب سے کم و بیش اسی طرح مرعوب رہتے تھے جیسا کہ اصغر صاحب سے۔ ان حالات میں رشید صاحب کی طرف سے شراب کے سلسلے میں جگر کی "خاطر منظور

---

[1] اصغر صاحب ان دنوں جگر صاحب سے خاصے بدمزہ رہتے تھے۔ ایک بار مین پوری کے مشاعرے میں مدہوشی کے عالم میں کسی شاعر اور جگر صاحب سے بس دست و گریبان ہونے ہی کی کسر رہ گئی تھی۔ کسی کو شعر لکھ کر دیئے تھے اور بھول گئے۔ جب اس نے اپنے اشعار کے طور پر انھیں پڑھا تو یاد آیا کہ یہ تو خود اُن کے شعر ہیں۔ اصغر صاحب نے الہ آباد میں میرے سامنے جگر کو جو سے مخاطب ہو کر بُری طرح سرزنش کی" اور صاحب یہ دیکھیے اس وقت کیسے بھیگی بلی بنے بیٹھے ہیں ... میں کہتا ہوں اتنے بڑے شاعر ہو کر اُن تین اشعار کے بغیر اُن کے خزانے میں کیا کمی ہو جاتی!"

ہونے" کا سوال ایک ناممکن بات تھی۔ رشید صاحب کے ایک مضمون میں وہ مقامات جن کا میں نے تذکرہ کیا ہے آسانی سے ملاحظہ کئے جاسکتے ہیں۔ جو انھوں نے جگر صاحب کے ترک شراب کے بعد اُن کے ایک "مردِ معقول" بن جانے پر ان کے ساتھ اپنے تعلقات میں مناسب تبدیلی پیدا کر کے لکھا ہے۔ مجھے یہ کہنے میں بھی باک نہیں کہ اس مضمون میں رشید صاحب کی تحریر میں "چیزے دگر ہست" والی جو بات ہوتی ہے۔ اس کا بھی دخل ہے۔

یہ جو کہا ہے کہ رشید صاحب جگر صاحب کے لیے "ایک آدھ بوتل منگوا دیتے" اور "ڈاکٹر صاحب کے سپرد کر دیتے" تو یہ رشید صاحب پر ایک اتہام ہے۔ بہتر ہے کہ اس بارے میں میرا وہ سلسلۂ مضامین ملاحظہ کر لیا جائے جو "جگر لختِ لخت" کے عنوان سے آل پاکستان ایجوکیشنل کانفرنس کے سہ ماہی "العلم" بابت جولائی، ستمبر ۱۹۶۲ء تا جون۔ اگست ۱۹۶۴ء میں شائع ہو چکا ہے اور جس سے جگر پر بعض اہلِ قلم نے اپنی تحریر میں فائدہ اٹھایا ہے۔ میں نے لکھا تھا:-

"کبھی جگر صاحب سرمستی اور بے ہوشی بلکہ غرقابی کی حالت میں بال بکھرائے، شیروانی کے بٹن کھولے، جیب میں شراب کی بوتل لٹکائے، ڈگمگاتے قدموں کے ساتھ میرے یا بعض نوجوانوں کے ہمراہ ناگہاں، ان (رشید صاحب) کے ہاں پہنچ جاتے تو وہ گھبرا جاتے اور ان کا کلام تو سن لیتے لیکن چہرے سے ایسا محسوس ہوتا جیسے وہ جگر صاحب کے ساتھ اس حالت میں دیکھے

جاتے تو اچھا تھا یا جتنی جلد ممکن ہو وہ صحبت ختم ہو جائے"۔

اسی مضمون میں آگے چل کر میں نے لکھا تھا۔ "شعبۂ اردو میں دوسری شخصیت حضرت احسن مارہروی کی تھی مگر وہ مولانا سید شاہ علی احسن تھے از پیرزادے، سجادہ نشین، پکے اور سچے مسلمان، پابند صوم وصلوٰۃ، حاجی، قدیم وضع کے بزرگ، جگر صاحب کے کلام سے شغف انہیں بھی تھا اور انجمن مدیقتہ الشعر مسلم یونیورسٹی کے صدر کی حیثیت سے جس کے زیر انتظام وہاں کا سالانہ مشاعرہ منعقد ہوتا تھا، شعرا کے داعی بھی وہی ہوتے تھے مگر شرابی جگر کو وہ شرابی ہی سمجھتے تھے اور ان کے غیر رسمی قرب کو خصوصاً نشے کی حالت میں بس دور ہی سے سلام کرتے تھے۔ لے دے کر ایک یہ خاکسار تھا جس پر سب کا زور چلتا تھا۔ اول تو بر بنائے روابط[1] جگر صاحب خود ہر طرف گھوم پھر کر میرے ہاں چلے آتے تھے۔ پھر متذکرہ ہر دو بزرگ بھی مجھ ہی کو دباتے تھے کہ اپنے ہاں لے جاؤ اور سچ یہ ہے کہ جگر صاحب کی خاطر مدارات اور ناز برداری میں مجھے بھی مزہ آتا تھا۔"

مندرجہ بالا اقتباسات سے یہ دکھانا مقصود ہے کہ علی گڑھ مسلم یونیورسٹی میں شراب پینے پلانے کی جس آسانی اور بے باکی

---

[1] میرے اور جگر صاحب کے تعلقات ۱۹۲۲ء سے تھے جب انھیں میرے سابق وطن آناؤ میں اپنے ساتھ رکھنے کے لیے میرے دوست جگت موہن لال رواں آنجہانی کسی مشاعرہ سے لے آئے تھے۔

کا ڈاکٹر صاحب نے ذکر کیا ہے نعوذ باللہ نہ میرے زمانے میں تھی نہ جہاں تک مجھے علم ہے تقسیم سے عین پیشتر تک تھی۔ ہاں اگر ڈاکٹر صاحب کا کوئی خاص حلقہ تھا تو میں اس کے سوا کیا کہہ سکتا ہوں کہ قابلِ افسوس ہے اور علی گڑھ کے تعلیمی و تربیتی مقاصد کے ساتھ عدم تعاون! اور یہ تو سوچا بھی نہیں جا سکتا تھا کہ اساتذہ، وہ بھی طلبا کے شرکت و معیت میں اس خبیث کاروبار میں ملوث ہوں گے۔ آج کا حال نہیں معلوم کیوں کہ اب نام کی مسلم یونیورسٹی ہے جس پر اغیار کا قبضہ ہے جن کے ہاں شراب نوشی عام ہے۔

(۲)

صفحہ ۸۰ پر ڈاکٹر صاحب نے لکھا ہے "سر راس مسعود نے انھیں (نواب نصیر حسین خیال کو) یونیورسٹی کے شعبۂ اردو کا صدر بنانے کا فیصلہ کیا تھا کہ ۱۹۳۲ء میں یک بہ یک نواب خیال کا انتقال ہو گیا۔" معلوم نہیں ڈاکٹر صاحب کو یہ اطلاع کہاں سے ملی۔ شاید نواب صاحب نے جو ۱۹۳۱ء میں چند دن کے لیے خود ہی کچھ مقاصد لے کر علی گڑھ آئے تھے اپنی خوش فہمی کی بنا پر اپنے صاحبزادے کو یہ لکھ دیا ہو یا صاحبزادے صاحب کا خواہ مخواہ یہ حسنِ ظن رہا ہو جن کی اپنے والد بزرگوار کے ساتھ سعادت مندی کی ڈاکٹر صاحب کے بیان کے مطابق یہ مثال ہے کہ ان کے پاس پٹنہ میں "داستانِ اردو" کا مسودہ رہ گیا۔ میری تجویز پر مولوی عبدالحق اُسے چھاپنے کو تیار تھے لیکن صاحبزادے صاحب کی سمجھ میں نہ آیا اور ۱۹۴۷ء کے ہنگامے میں اردو ایک قابلِ قدر تصنیف سے محروم ہو گئی۔"

راس مسعود صاحب علی گڑھ میں بہ حیثیت وائس چانسلر

۲۰ اکتوبر ۱۹۲۹ء کو آئے اور ۳۰ اپریل ۱۹۳۴ء کو مستعفی ہوگئے۔ جب انھوں نے ۱۹۳۱ء میں مجھے الٰہ آباد یونیورسٹی اُردو میں ایم اے کرنے کے لیے بھیجا[1] تو بتایا تھا کہ اُن کی اسکیم کے مطابق اُن کے قیامِ علی گڑھ کے شروع کے دو سال سائنس کے شعبوں کی درستی و اصلاح کے لیے وقف ہیں، اس کے بعد وہ اُردو پر توجہ دیں گے جس کی تعلیم علی گڑھ کی سابقہ خدمات کو دیکھتے ہوئے اس وقت کچھ نہ ہونے کے برابر تھی، اگرچہ اسے لازمی مضمون کی حیثیت حاصل تھی۔ گویا مسعود صاحب ۱۹۳۲ء یا اس کے بعد اُردو کے شعبے کی طرف توجہ دیتے، اس سے پہلے نہیں۔ مگر اس اثنا میں نواب صاحب کا انتقال ہو گیا۔

معلوم ہوتا ہے کہ نواب صاحب نے ازخود اپنے چند روزہ قیام علی گڑھ کے دوران میں مسعود صاحب سے غیر معمولی اُمیدیں وابستہ کر لی تھیں اور شعبۂ اُردو میں دخیل ہونا چاہتے تھے، ورنہ اس زمانے میں شعبۂ اُردو کی توسیع کا مسئلہ یونیورسٹی کی منتظمہ کے زیرِ غور آیا ہی نہیں تھا۔ یہ کام مسعود صاحب کی اسکیم کے مطابق نہ صرف خود ان کی موجودگی میں نہ ہو سکا بلکہ بعض ناخوشگوار حالات کے پیشِ نظر ان کی وائس چانسلری کی میعاد ختم ہونے سے پہلے ان کے علی گڑھ سے چلے

---

[1] اس کی تفصیل میرے مرتبہ مجموعہ مرقعِ مسعود، شائع کردہ راس مسعود سوسائٹی (۱۹۶۶ء) میں شامل شدہ میرے مضمون "ایک دل نواز محسن" میں ملے گی۔

جانے کے باعث بہت دیر سے یعنی ۱۹۳۴ء میں ہو سکا۔[۵] چنانچہ یہ کہنا غلط ہے کہ مسعود صاحب نے انھیں یونیورسٹی کے شعبۂ اُردو کا صدر بنانے کا فیصلہ کیا تھا۔

اس کے علاوہ ذیل میں نواب صاحب کے مسعود صاحب کے نام بعض خطوط کے کچھ اقتباسات پیش کیے جاتے ہیں جن سے اُن کی شخصیت و سیرت کے بارے میں چند غیر معمولی "صفات" کا اندازہ ہو سکے گا۔[۶] سوال پیدا ہوتا ہے کہ موصوف کی مشہور کتاب 'داستانِ خیال' کے بارے میں ڈاکٹر صاحب کے اس خیال کے باوجود کہ نواب صاحب نے "محمد حسین آزاد کا طرزِ بیان چھین لیا ہے" کیا ایسی 'صفات' رکھنے والے بزرگ کے ہاتھوں میں جن کے یہ خطوط مظہر ہیں، کسی یونیورسٹی کے نوجوانوں کا مستقبل دیا جا سکتا ہے۔ نیز ڈاکٹر صاحب بُرا نہ مانیں تو یہ بھی پوچھوں کہ کیا کسی ادیب کا لینے سے کسی بڑے ادیب کا طرزِ بیان "چھین لینا" ہی اسے ایک بڑا استاد اور یونیورسٹی میں شعبۂ متعلقہ کے صدر ہونے کا مستحق بنا دیتا ہے اور یہ بھی کہ کیا ان کے خیال میں راس

۵۔ اس سلسلے میں مزید تفصیل کے لیے راس مسعود سوسائٹی کی میری مرتب کردہ کتاب "اوراقِ گل" میں میرا مضمون "سید راس مسعود اور علی گڑھ میں اُردو کی تعلیم" ملاحظہ ہو۔

۶۔ پورے خطوط میرے مرتب کردہ مجموعۂ "شعلۂ مستعجل" شائع کردہ راس مسعود سوسائٹی (۱۹۸۲ء) میں شامل ہیں۔

مسعود صاحب ایک چوٹی کے ماہر تعلیم ہونے کے باوجود تعلیمی تنظیم کے مبادیات سے بھی ناواقف تھے۔

لیجئے اب ان خطوط کے اقتباسات ملاحظہ کیجئے:۔

"مجھے اس وقت ساڑھے تین سو ماہوار ایک سال کے لیے اس غرض سے درکار ہیں کہ ایک دو پڑھے لکھے آدمیوں کو رکھ کر اس کتاب کو ختم کر دے سکوں۔" (مراسلہ مورخہ ۲۶ اگست ۱۹۳۰ء از پٹنہ)

"علاوہ اور ملکی و قومی خیالات کے یہاں کے طلبہ اور معقول لوگوں کا خیال کر کے میں نے اُردو کے متعلق آپ سے کہا۔۔۔۔ ہمارے خیال میں اس کام میں ۴ مہینے لگیں گے اور زیادہ سے زیادہ دو ہزار روپیے صرف ہوگا۔ اسی نومبر سے کام شروع کر دیا جائے اور مجھے ۵ سو روپیہ عنایت ہو کہ کل سے کام شروع کر دوں۔ باقی روپیہ ماہوار کے حساب سے طلب کیا جائے گا۔

"مائی ڈیر مسعود! تمام داستان کے سُننے کا نہ آپ کو وقت ہے اور نہ مجھے اس کے سنانے کا موقع، مختصر یہ ہے کہ میں نے کچھ سمجھ کر یہ امر آپ کے سامنے پیش کیا ہے۔ آپ اب فکر نہ کیجئے اپنے بادۂ ہماری دیرینہ محبت اور مجھ سے شریف کی خدمت پر بھروسہ کیجئے اور ہمارے اثر و رسوخ سے اس وقت فائدہ اٹھائیے۔ ملک کو اپنی مٹھی میں لے لیجئے۔ پھر نہ یہ وقت ملے گا اور پھر نہ جلد میں آپ کے ہاتھ لگوں گا۔ کام اور موقع کی اہمیت کو سمجھیے اور جو عرض کرتے ہیں، للٰلّٰہ اس پر عمل کیجئے۔

مجھے آج ٹھیک ۴ بجے موٹر بھیج کر بلوائیے اور اس وقت

صرف ۵ سو کا ایک چیک مجھے دے کر کلکتہ جائیے"۔
(مراسلہ مورخہ یکم نومبر ۱۹۳۱ء از جعفر منزل علی گڑھ)

"یقین ہے کہ ، آپکو لکھنؤ میں سر مالکم ہیلی[1] سے آپ سے مفصل ملاقات ہوگی اور اس وقت رام پور کا ذکر ضرور چھڑے گا۔ میں تیار ہوں لیکن وہاں جانے کا معقول طریقہ ہونا چاہیئے۔ میں سمجھتا ہوں کہ اس وقت وہاں کوئی ایسی جگہ خالی نہیں ہے جو آسانی سے مل سکے۔ دوسرے یہ کہ دربار کی انٹریگیں۔ اس لیے بہتر صورت یہ تھی کہ سر دست ولی عہد کا گارجین مقرر کرا کے مجھے بھیجا جائے۔ آپ کا اور سر مالکم کا ایک خاص شخص[2] جب کہ وہاں عزت کے ساتھ پہنچ جائے تو پھر آپ کی امداد اور اپنے اثر سے بہت کام لے سکتا ہے۔۔۔۔ اس لیے اگر آپ کی اور سر مالکم کی رائے ہو تو میں رام پور کے صیغۂ تعلیمات کو ہاتھ میں لے کر بہت کام کر سکتا ہوں۔۔۔ میں ہندوستان میں کوئی چھپا ہوا آدمی نہیں ہوں ۔۔۔ ہمارے متعلق سر مالکم سے کوئی بات طے کر کے علی گڑھ آیئے۔

"۔۔۔۔چند کانگریسی حضرات کی کوشش سے شیعوں کی ایک جماعت کانگریس اور گاندھی کی طرف جا رہی ہے۔ گورمنٹ نے شیعوں کی سی موقر جماعت کو روکنے کا کوئی بندوبست اب تک نہیں کیا۔ اب کر

---

[1] گورنر یوپی (انڈیا)
[2] یعنی خود نواب خیال صاحب مدظلہ العالی۔

لاہور میں ایسٹر کی تعطیل کے موقع پر شیعہ کانفرنس کا سالانہ اجلاس ہے جس کی صدارت نواب رام پور نے قبول کی ہے یہ موقع بہترین ہے کہ نواب صاحب اپنے ایڈریس میں شیعہ جماعت کو متنبہ کریں اور بے راہ روی سے روکیں.... مگر یہ بات جب ہی ممکن ہے کہ میں رام پور میں ایک عزت کے ساتھ جاؤں۔ اس وقت انھیں نیک راستہ بتا سکتا اور ان کی زبان اور قلم سے بہت کچھ کہلوا دے سکتا ہوں....

"ایک اور ضروری بات سنیے۔ سر فضل حسین[1] افریقہ جانے والے ہیں۔ دو تین مہینے ان کی جگہ خالی رہے گی۔ اس کے لیے آپ فوراً کوشش شروع کر دیجیے"....

"یہ امر ٹلنے کا اور وقت چوکنے کا نہیں ہے۔ آپ کی رائے ہو گی تو میں فضل حسین کے پاس دلی چلا جاؤں گا... للّٰہ چوکیے نہیں....

"مجھے اب تک نہ سیدین (خواجہ غلام السیدین، پرنسپل ٹیچرز ٹریننگ کالج، مسلم یونیورسٹی) نے کسی لیکچر وغیرہ کے لئے کچھ کہا اور نہ پروفیسر حبیب (شعبۂ تاریخ مسلم یونیورسٹی) نے لبریری (لائبریری) کے متعلق کوئی بات کہلا بھیجی[2] میں معطل ہوں اور بے کار اور

---

[1] ممبر تعلیم وائسرائے کونسل۔

[2] پروفیسر حبیب یونیورسٹی کی لٹن (اب آزاد) لائبریری کے آنریری لائبریرین تھے۔

اس لیے یہاں شرمندہ اور گھبرایا ہوا ..." (مراسلہ مورخہ ۱۲ / نومبر ۱۹۳۱ء از جعفر منزل علی گڑھ)

(۳)

صفحہ ۱۸ اور اس کے کچھ آگے ڈاکٹر صاحب نے اس امر کی داد چاہی ہے کہ ۱۹۳۷ء میں وہ اور سبط حسن مسلم یونیورسٹی کے طالب علم ہونے کے باوجود بڑی ہوشیاری کے ساتھ مسلم دشمن اور ہندو کانگریس کے لیڈر جواہر لال نہرو کو مسلم یونیورسٹی کے حکام کی اجازت کے بغیر وہاں "اسمگل" کرلائے اس لیے کہ علی گڑھ یونیورسٹی پر حکومت ہند کا پورا پورا کنٹرول تھا اور ان کے وہاں بلائے جانے کا کوئی امکان نہ تھا!

اگر موصوف کو اس امر خاص میں اپنی کامیابی سے تسکین پہنچتی ہے تو میں ان کو اس سے محروم کرنے کا کوئی ارادہ نہیں رکھتا مگر

ع جادو وہ جو سر پہ چڑھ کے بولے

انھوں نے وائس چانسلر سر راس مسعود کی "عالی ظرفی" کی داد دی ہے جنھوں نے دہلی سے ڈاکٹر انصاری سے فون پر یہ اطلاع پاکر کہ چند طلبہ نہرو کو یونیورسٹی لارہے ہیں علی گڑھ ریلوے اسٹیشن پر طلبائے یونیورسٹی کے ایک جم غفیر کے ساتھ نہرو کی پذیرائی کی، انھیں اپنے ہاں ٹھہرایا اور خود اپنی صدارت میں اسٹریچی ہال میں ایک شاندار جلسہ منعقد کیا۔ مگر اس میں اچنبھے کی کیا بات ہے۔ شاید انھیں معلوم نہ تھا کہ راس مسعود اور نہرو کے خاندان کے درمیان بڑی دوستی تھی اس وقت سے جب جسٹس سید محمود، راس مسعود کے

والد بزرگوار الٰہ آباد ہائی کورٹ کے جج تھے اور نہرو کے باپ موتی لال نہرو ان کے اجلاس میں بہ حیثیت ایک جونیر وکیل کے پیش ہوتے تھے۔ نیز جسٹس محمود کا قیام موتی لال نہرو کی کوٹھی "آنند بھون" میں رہا تھا جو بعد میں کانگریس کا مستقل صدر دفتر مگر اس سے تو ڈاکٹر صاحب کے پہلے بیان کی تردید ہوتی ہے کہ یونیورسٹی پر حکومت کا کنٹرول تھا کیونکہ اگر ایسا ہوتا تو راس مسعود کے لیے یہ مشکل تھا کہ وہ اتنی آسانی سے نہرو کی پذیرائی کرتے۔

یہ صحیح ہے کہ جب ڈاکٹر صاحب نہرو کو علی گڑھ لائے تو اس وقت ہندوستان کے انتہائی متشدد جابر وائسرائے ولنگڈن نے چن چن کر ہندو کانگریس کے تمام لیڈروں کو جیلوں میں ٹھونس دیا تھا۔ مگر علی گڑھ کی صورت حال دوسری تھی۔ مسعود کے زمانے کے علی گڑھ کے تمام طلبہ اور اولڈ بوائز یک زبان تھے کہ مسعود نے حکومت کی استبداد پسند پالیسی کے باوجود علی گڑھ میں جو فضا پیدا کر دی تھی اس کے پیش نظر یونیورسٹی پر کسی کے ہاتھ ڈالنے کا سوال ہی نہ پیدا ہوتا تھا۔ انھوں نے اساتذہ اور طلبہ میں عملی سیاست سے دور رہ کر علم کی سچی لگن پیدا کر دی تھی، عزت نفس حریت، قومی تشخص اور آزادی فکر و عمل کی روح دوڑا دی تھی۔ اُن کے پیش رو کانوکیشن ایڈریس پڑھنے کے لیے مقتدروں کو بلاتے اور ان کی کاروں کے دروازے کھولتے تھے مگر مسعود صاحب وائسرائے اردن کے ساتھ نہیں آگے آگے بغل میں ایک دستی ڈنڈی دبائے اسٹریچی ہال میں داخل ہوتے تھے (جس کے بارے

میں رشید صاحب نے ہماری سوسائٹی کے ایک مجموعہ کے لئے اپنے ایک مضمون میں لکھا کہ جیسے وہ سمندر میں نہانے کے لیے جا رہے ہوں)۔ وہ اجلاس کی کاروائی کے بعد ہال کی سیڑھیوں پر ہندوستان کے سب سے بڑے انگریز حاکم کو اپنے ماتحت پرو وائس چانسلر کے سپرد کر کے ان کے ساتھ اپنی دوسری ملاقات کو دوپہر کے کھانے کے وقت تک ملتوی کر دینے کا حوصلہ رکھتے تھے۔

مسعود اپنی یونیورسٹی میں حکومت ہی کی نہیں کسی کی بھی مداخلت نہیں برداشت کر سکتے تھے۔ چنانچہ انھوں نے وائس چانسلری سے استعفیٰ بھی ایک انتظامی معاملے میں کورٹ کی ناروا مداخلت اور ان کے ساتھ تعاون نہ کرنے ہی پر دیا تھا۔

مسلم یونیورسٹی کس حد تک حکومت کے کنٹرول سے آزاد تھی اس بارے میں ہمیں متذکرۂ بالا واقعے ہی کے سلسلے میں راس مسعود صاحب نے ۳ مارچ ۱۹۳۴ کو جو خط سر مالکم ہیلی گورنر یوپی اور ریکٹر یونیورسٹی کو لکھا تھا اس کے ایک اقتباس کا ترجمہ پیش کرتا ہوں[1]۔ اس خط کے متعلق میری اپنی رائے یہ ہے کہ اس زمانے کے ہندوستان کی انیس ۱۹ یونیورسٹیوں کی کسی ایک یونیورسٹی کا وائس چانسلر بھی اس انداز اور لہجے میں یونیورسٹی کے انگریز ریکٹر کو لکھنے کی ہمت

---

[1] یہ خط میرے مجموعہ "شعلۂ مستعجل" شائع کردہ راس مسعود سوسائٹی کے انگریزی حصہ میں مسعود پر میرے مضمون میں شامل ہے۔

نہیں کر سکتا تھا:۔

"میں نے عمداً نہرو کو آنے کی اجازت دی۔ وجہ یہ ہے کہ سابق میں ہر سیاسی مکتبِ خیال کے لیڈر یونیورسٹی میں آتے اور اپنے اپنے نقطہ ہائے نظر سے طلبہ کو واقف کرتے رہتے ہیں۔ میں نے خود جلسے کی صدارت کی۔ ونقریر بیشتر معاشی اور ثقافتی معاملات میں بین الاقوامی اشتراک کے موضوع سے متعلق تھی۔ میرے خیال کے مطابق اس میں ایسی کوئی بات نہ تھی جسے انقلابی کہا جا سکے:

تو کیا ڈاکٹر صاحب کو اب بھی اصرار ہے کہ مسلم یونیورسٹی پر حکومت ہند کا کنٹرول تھا؟ وہ تو ہماری غلامی کا زمانہ تھا۔ کوئی یہ بتائے کہ آج چالیس، بیالیس سال کے بعد اپنی آزاد مملکت میں ہماری کون سی یونیورسٹی حکومت کے کنٹرول سے بالکلیہ آزاد ہے۔ اور تو اور آج انگلستان کی وہ یونیورسٹیاں بھی جو حکومت کے کنٹرول سے آزاد ہونے پر فخر کرتی تھیں اور جن کو سامنے رکھ کر سرسید نے علی گڑھ کالج کی بنا ڈالی تھی حکومت کے زیر اقتدار آنے کی آرزومند ہو رہی ہیں۔ وجہ ظاہر ہے کیونکہ مولانائے روم کے شعر کے مطابق ؎

آں کہ شیراں را کند روبہ مزاج:
احتیاج و احتیاج و احتیاج!

سٹریچی ہال میں جلسے کے بعد مسعود صاحب سے خلاصی دلا کر

نہرو کو اپنے قابو میں لانے اور ان کا سیاسی وعظ گوش گزار کرنے کے سلسلے میں انھیں پروفیسر حبیب کے ہاں لے جانے نیز حکومت کے خلاف مزاج نہرو کی آؤ بھگت کی وجہ سے مسعود صاحب کو جو "خمیازہ" (؟) بھگتنا پڑا، اس کے بارے میں ڈاکٹر صاحب نے آگے چل کر بہت کچھ لکھا ہے۔ میں نے اس قصّے کے بارے میں جب زیر نظر کتاب کی اقساط ماہ نامہ "افکار" میں چھپ رہی تھیں، اپنے مجموعے "چند اکابر، چند معاصر" کے حرفِ آغاز' میں ایک پیراگراف لکھا تھا. مناسب معلوم ہوتا ہے کہ اسے یہاں نقل کر دوں:۔

"ڈاکٹر صاحب نے بیان کیا کہ ایک رات وہ پنڈت جواہر لال نہرو کو (جو دراصل علی گڑھ میں غیر رسمی طور پر در آئے تھے اور جنھیں وائس چانسلر راس مسعود صدر طلبہ بڑی ترکیب اور ہوش مندی سے سیاسی تقریر سے باز رکھ کر اپنے ہمراہ اسٹریچی ہال سے ناکام واپس لا رہے تھے) مجمع سے اغماز کر کے پیچھے کے راستے نکال لائے اور ہال کے دریچے کو پھاند کر ہم (یعنی ڈاکٹر موصوف اور پنڈت نہرو) سرسید ہوسٹل کے تاریک برآمدے میں کھڑے ہو گئے! مزہ یہ ہے کہ سیکڑوں آنکھوں کو اس کا پتہ نہ چلا کیوں کہ مضمون اس قدرتی سوال کے جواب کی طرف سے گول ہے۔ اس کے علاوہ ہال کے دریچے کو پھاند کر سرسید ہوسٹل کہاں سے آگیا؟ اُدھر تو عثمانیہ ہوسٹل واقع ہے۔ حیف ہے اگر کسی علی گڑھ والے کو اتنا بھی یاد نہ رہے!

"آگے چل کر رقم کیا ہے کہ ۱۹۳۵ء میں راس مسعود اپنے

عہدے کا دوبارہ انتخاب ہار کر، بھوپال چلے گئے، حالانکہ یہ واقعہ ۱۹۳۴ء کا ہے اور مسئلہ ان کے دوبارہ انتخاب کا نہیں تھا، یونیورسٹی کے رجسٹرار کے انتخاب کا تھا اور مسعود نے اپنی وائس چانسلری کی میعاد ختم ہونے سے پہلے خود استعفیٰ دیا تھا۔ وہ انتخاب نہیں ہارے تھے۔"

جس وقت مندرجہ بالا منقول کردہ سطریں لکھی گئی تھیں اس وقت سے آج تک بھی ان کا جواب نہیں ملا اور "گردِ راہ" میں ڈاکٹر صاحب کی وہ عبارتیں جوں کی توں موجود ہیں۔ میں صرف اتنا کہوں گا کہ ان امور کے بارے میں لکھنے سے پہلے ڈاکٹر صاحب نے اپنا پورا پورا اطمینان نہیں کیا۔

کتاب کے باقی مندرجات کے بارے میں میں کچھ نہیں کہہ سکتا، اس لئے کہ میں اُن سے ناواقف ہوں۔ مگر ذرا سا یہ شبہ ہوتا ہے کہ کہیں اُن میں سے بعض پر یہ مصرعہ صادق آتا ہو

ع قیاس کُن زِ گلستانِ من بہارِ مرا !

جب میں لوگوں کو صاف ستھرے کپڑے پہنے اور آراستہ پیراستہ حالت میں دیکھتا ہوں تو جی کہتا ہے خدا کرے ان کا باطن بھی اتنا ہی صاف ستھرا اور آراستہ پیراستہ ہو۔

— ج۔ق (چشمۂ آفتاب)

"فسانۂ آزاد" کا ایک مزاحیہ کردار

اُردو افسانہ نگاری کے سرتاج غیر فانی و ناقابلِ تقلید مصنف، پنڈت رتن ناتھ در سرشار لکھنوی کی بے مثال کتاب فسانۂ آزاد ابتدائے زمانۂ تصنیف سے آج تک پڑھنے والوں کے لئے مایۂ تفریح و انبساط ہے اور اس کے لازوال مزاحیہ کردار جناب خواجہ بدیع الزماں صاحب المعروف بہ خواجہ بدلیعا، جو عام طور پر صرف اپنے مختصر و فرحت بخش نام خوجی سے یاد کئے جاتے ہیں ابد تک ہنسی اور قہقہے کا گول گپا بنے رہیں گے۔

یوں تو کتاب کے ہر صفحے اور قدم قدم پر کم و بیش ایسے

---

[1] ایک ادبی کانفرنس میں ایک وزیر باتدبیر صاحب نے اپنی مطبوعہ صدارتی تقریر حاضرین میں تقسیم کرانے کے بعد بڑے جوش و خروش کے ساتھ اسے پڑھا۔ کاتب کی غلطی سے خوجی کا نام فوجی چھپ گیا تھا اور تقریر کے دوران تین چار بار یوں ہی چھپا تھا۔ وزیر صاحب نے اپنی پوری تقریر میں غلطی محسوس نہیں کی اور مصداق " اس سادگی پہ کون نہ مر جائے اے خدا " ہر جگہ اسے فوجی ہی پڑھا۔ راقم اور سید ہاشمی فریدآبادی ساتھ بیٹھے مزے لیتے رہے۔ عصرانے پر وزیر صاحب سے ملاقات ہوئی تو میرے کچھ کہنے سے پہلے ہی مجھے الگ لے جا کر فرمایا "میں نے وہ کتاب پڑھی نہیں ہے"۔ غریب کو نہیں معلوم تھا کہ مجھے نہ صرف اس کا علم تھا بلکہ ان کی تقریر بھی کسی اور کی لکھی ہوئی ہونے کا علم تھا!

مزے دار اور دلچسپ واقعات و مواقع ملتے ہیں۔ اور چھوٹے چھوٹے بے شمار اشخاص اس قدر وافر سامانِ ظرافت مہیا کرتے ہیں کہ ناظرین کے دل ہنستے ہنستے لوٹ پوٹ ہو جائیں۔ لیکن یہ واقعہ ہے کہ جو شہرت اور ہر دلعزیزی میاں خوجی کے حصے میں آئی دوسرے اشخاص کو نصیب نہیں ہوئی۔ اس ماہتاب کی روشنی کے سامنے تاروں کی چمک ماند پڑ گئی۔ حقیقت میں سرشار کی ازلی رنگین طبعی اور سدا بہار ذوقِ ظرافت کی کن الفاظ میں داد دی جائے جس نے اردو جیسی کم مایہ زبان میں اس وقت جبکہ پڑھنے والے افسانہ نگاری اور ظرافت کے حقیقی مفہوم سے بھی واقف نہ تھے، ایک ایسے کردار کو وجود بخشا جو اپنی خصوصیات کے لحاظ سے نہ صرف ہماری جان پہچان اور صاحب سلامت والا شخص معلوم ہوتا ہے۔ بلکہ جس کی ذات میں ظرافت کے تمام پہلو اور جزئیات اس طرح جمع ہو گئے ہیں کہ شاید وہ کسی بھی ترقی یافتہ زبان کے اچھے سے اچھے مزاحیہ کردار کے مقابلہ میں پیش کیا جا سکتا ہے۔ خوجی کی حماقتوں، اُن کی "بی چنیا بیگم" کی چٹکیوں اور پینکوں، اُن کی قسموں، آزاد کے ساتھ ان کی اندھا دھند وفاداریوں، اُن کی جوشیلی رنگیلی محبت کی داستانوں، ان کے مصاحبتوں، بے شرمیوں اور سب سے بڑھ کر اُن کے بزدلانہ سہمی سہمی بہادریوں کے کارناموں سے، جن کا اظہار ہر موقع پر "نہ ہوئی قرولی" کے زبانی جمع خرچ سے ہوتا ہے، فسانۂ آزاد کی چاروں جلدیں اس طرح بھری پڑی ہیں کہ پڑھنے والے کے لیے کتاب ختم کیے بغیر چارہ نہیں رہتا۔

لیکن شائد خوجی کی یہی ہمہ گیری اور جامعیت فسانۂ آزاد کا ایک بڑا نقص ہے۔ اس کے کیریکٹر کا اس قدر ضرورت سے زائد دلچسپ اور مزے دار ہونا کہ اس کے لطف میں ڈوب کر پڑھنے والوں کے دلوں سے آس پاس کے دوسرے کرداروں کو نظر بھر کے دیکھنے کا شوق کم ہو جائے اور قصے کے مختلف افراد اور حصوں میں توازن و تسلسل قائم نہ رہ سکے، ایک ایسا عیب ہے جس سے کسی طرح چشم پوشی نہیں کی جاسکتی۔ نہ صرف یہ بلکہ خوجی مجھے ایک مجموعۂ اضداد نظر آتا ہے۔ ایک معجون مرکب جس کی تیاری میں سرشار نے اپنے دل و دماغ کے حکمت خانوں کے تمام مفردات بذلہ سنجی صرف کر دیئے۔ کیا ضروری تھا کہ ایک ہی وقت میں ایک شخص تمام ایسی خصوصیات کا مجموعہ ہو جو ہمارے ذوق ظرافت کی آبیاری کرسکیں اور ہمارے ہونٹوں سے قہقہہ پر قہقہہ برآمد کرلیں۔ ایک ہی وقت میں خوجی ایک پستہ قد چھوٹا موٹا بدنما بونا بھی ہے جس پر کبھی "بے بھاؤ" کی پڑتی ہیں اور ایک سپاہی بھی جو آزاد کے ساتھ میدان جنگ تک جاتا ہے۔ ایک ہی وقت میں وہ ایک ناتوان و کمزور افیونی بھی ہے جسے اپنے چہرے پر سے مکھیاں تک اُڑانے کا ہوش نہیں اور ایک مضطرب و دلفگار عاشق زار بھی۔ ایسی لیے میں سمجھتا ہوں میرا یہ خیال زیادہ غلط نہیں ہے کہ خوجی شاید عوام کی دلچسپی اور تفریح کا ہمیشہ ہمیشہ کے لیے آلہ بنا رہے لیکن خواص میں اس کی ہردلعزیزی اتنی دیرپا نہیں ہے۔ اور اس طبقہ کے لطف کے لیئے کچھ دن بعد صرف اس کی وہ خصوصیات یادگار رہ جائیں گی جو ایک حد تک فطری اور زیادہ قرین قیاس ہیں۔

برخلاف اس کے فسانۂ آزاد کا ایک دوسرا چھوٹا مزاحیہ کردار مجھے زیادہ اوریجنل اور زیادہ دیکھا بھالا شخص معلوم ہوتا ہے۔ میری مراد جناب مولوی مرزا صادق علی بیگ وکیل عرف ریونیو ایجنٹ[1] الملقب بہ "گھامڑ آقا" کے خادم بذلہ سنج میاں سلابخش عرف سلارو سے ہے۔ ساری کتاب میں یہ صرف چند دفعہ نمودار ہوتے ہیں، اور ان کا پارٹ ایک حد تک اضافی ہے لیکن اس شان سے نمودار ہوتے ہیں۔ پرانے اردو تھیٹر کے زمانہ کے مشہور بذلہ سنج اسٹیج ایکٹر اور گانے والے ماسٹر لتو کی طرح ان کے شائقین انہیں اپنے سے دور نہیں کرنا چاہتے اور ان کے پارٹ کے ختم پر "ایک مرتبہ اور" "ایک مرتبہ اور" کے پُر اشتیاق نعرے ہی لگاتے رہ جاتے ہیں، لیکن وہ کبھی انگوٹھا دکھا کر کبھی جاتے ہوئے واپس آکر صرف گردن کی جھلک دکھا کر یا جلدی سے جھانک کر کبھی اس گیت کی جسے ابھی گایا تھا صرف ایک اکھڑی ہوئی سی آخری تان لگا کے اسٹیج سے چلتے نظر آتے ہیں

ع وہ دل لے کے چپکے سے چلتے ہوئے

یہاں رہ گئے ہاتھ ملتے ہوئے!

سلارو ایک نمونہ ہے اس زمانے کے خادم کا جو نہ صرف اپنے سادہ لوح اور بیوقوف آقا کی روٹی پکا کے اپنا پیٹ پالتا ہے بلکہ وہ اپنے مالک کا رازدار، صلاح کار، مصاحب، باورچی اور خود آقا ہے اور وکیل صاحب کی روزی کے فکر کے لیے دلالی کا بھی کام کرتا ہے۔ وہ بڑا ہی نٹ کھٹ ظریف اور سخن گیر ہے اوند مار کے ٹکڑے

[1] اس زمانے میں وکیلوں کا ایک چھوٹے درجہ کا ریونیو ایجنٹ کہلاتا تھا چنانچہ کہیں وکیل صاحب کو ریونیو ایجنٹ کے لفظ سے بھی مخاطب کیا گیا ہے۔

کر دینے[لہ] کے قابل ہے۔ بات میں بات پیدا کرنا پھلجھڑی پر پھلجھڑی چھڑانا، مالک کو مزے مزے سے سخت سُست کہہ لینا اور پھر نہایت آسانی سے اُنھیں منا لینا اس کے بائیں ہاتھ کا کھیل ہے۔ اور کیوں ایسا نہ ہو جب کہ مالک بغیر سلارد کے لقمہ نہیں توڑ سکتے اور اس کے بغیر اُن کی روٹیاں چلنا بند ہو جائیں گی۔ میاں سلارد کو کیا نہیں آتا۔ وہ کس کام میں بند ہیں۔ ضلع جگت کے وہ اُستاد ہیں۔ شعر فہمی میں اُنھیں دخل ہے۔ ہاتھا پائی، گالی گلوچ، فقرہ بازی کا موقع آئے تو اس میں وہ بند نہیں۔ شرارت، بدمعاشی، اُچکے پن میں وہ جگت گرو ہیں۔ مالک اگر انہیں نکالنے کی دھمکی دے تو گھر میں چوری وہ کرا دیں۔ اُن سے کسی طرح مفر نہیں۔ مالک کے ساتھ اُن کی وفاداری اور فرمانبرداری کا یہ عالم ہے کہ وہ اگر اپنا ایک باپ بتائیں گے تو یہ ان سے بڑھ کر ان کے دو باپ مشہور کریں گے۔ ... ساٹھ ستر برس قبل ہم میں سے کون ایسے خادموں سے واقف نہیں تھا۔ پرانی معاشرت کے بگڑے[لہ2] ہوئے سیدھے اور سادہ لوح رئیسوں میں، بالخصوص اودھ کے قدیم زوال آمادہ بھولے بھالے گھرانوں میں جہاں مالک مجہول و مخلوج ہو گئے ہوں، جو نوکر رکھ سکتے ہوں لیکن انہیں نکالنے کی ہمت نہ رکھتے ہوں جہاں آقائی اور نوکری بہ مصداق۔ ع

لہ علی گڑھ کے مشہور قاضی جلال الدین صاحب کے جن پر میرا مضمون عرصہ ہوا "سب رس" کراچی میں شائع ہوا ایک مصرعہ "تم پڑے وہ ہر، ہمیں بار کے ٹکڑے کر دے!" سے ماخوذ۔

سلطنت دست بہ دست آئی ہے

پشت بہ پشت اور نسلاً بعد نسلاً چلتی تھی اور وضعداری کے معنی یک در گیر محکم گیر" سمجھے جاتے تھے۔ اس قسم کی شرارت، مصاحبت اور دخل در معقولات کرنے والے نوکروں کے نمونے بہت عام تھے۔ لیکن ہم میں سے بہت کم لوگوں میں اتنی صلاحیت ہے کہ اس معاشرت کے اس رخ پر نظر ڈال کر لطف اٹھائیں۔ اور اس سے بڑھ کر یہ کہ اس کی ایسی جیتی جاگتی دل لگتی داستان سنا سکیں۔ یہ قوت صرف سرشار ہی کے معجز نگار قلم میں پوشیدہ ہے۔ جس نے اس قدر آسانی اور سادگی کے ساتھ نہ صرف ایک خاص کردار کو وجود بخشا ہے بلکہ اس معاشرت کے ایسے مزے دار پہلو کو بے نقاب کیا ہے۔

میاں سلار بخش سے ہماری سب سے پہلی ملاقات اس وقت ہوتی ہے جبکہ ایک رات ریونیو ایجنٹ صاحب بی شبو جان کو دم دلاسا دے کر اپنے ہاں لے آتے ہیں۔ اور اس فکر میں ہیں کہ کسی صورت اپنی چکنی چپڑی باتوں سے چال چلکے چل کر اور اپنی حیثیت۔ دولت علم اور ٹھاٹھ کا مصنوعی جال بچھا کر شادی کر لیں۔ لیکن ہیں ٹکے کے آدمی، وکالت چلتی نہیں، ایک وقت کی روٹی کے لالے پڑے ہیں۔ گھر میں ایک کمرے میں ٹاٹ پر دری اور چاندنی بچھی ہے۔ ایک کونے میں چارپائی پر غالیچہ اور دو تکیے رکھے ہیں، میز پر بیس پچیس کتابیں اور کاغذ قلم دوات۔ باقی اللہ اللہ خیر صلاح" چنانچہ آغا اور

خادم ہیں شبو جان کے سو جانے کے بعد حسب ذیل باتیں ہوتی ہیں۔

وکیل: سلار بخش، تم صبح کو ان سے کہنا کہ آپ بڑی خوش نصیب ہیں، وہ پوچھیں گی وجہ؟ کہنا تم سے بڑھ کر کوئی خوش قسمت ہی نہیں۔ بڑی دیر کے بعد وجہ بتانا کہ میاں ایسے جوان تم پر عاشق ہوئے اور ہماری بڑی تعریف کرنا۔ کہنا بڑے رئیس ہیں۔ ان کے باپ ٹھیکیدار اور نانا بخشی الملک تھے۔ کئی کئی بگھیاں ہیں اور نوکروں کو مہینہ میں تین سو روپے دیتے ہیں۔ اور کہنا میاں بڑے سیدھے رہیں اور نواب صاحب کے ہاں سے قیمتی اسباب لے آنا۔

سلار بخش: قیمتی اسباب کیا؟ زیور کی قسم سے؟

وکیل: الّو ہی رہے نرے۔

سلار بخش: ہاں جب سے آپ کے ہاں ملازمت کی۔

وکیل: بکو نہیں بس۔

سلار بخش: میاں آپ تو بوکھلائے ہوئے ہیں وہ نہ کہیں گی کہ اگر رئیس اور روپیہ والے ہیں تو پھٹے حالوں کیوں رہتے ہیں؟ ایک کھٹیا آپ کے پاس اور اس پہ یہ باتیں کہ ہم ایسے اور ہم ایسے۔

وکیل: آہستہ آہستہ باتیں کرو۔

سلار بخش: میں اتنا کہہ دوں گا کہ ہمارے حضور دل کے بڑے وہ ہیں۔

وکیل: وہ کیا معنی؟

سلار بخش: اجی چالاک ہیں۔

وکیل : ہاں ۔ یہ مانا ۔ کہنا دل کے چالاک ہیں ۔ چالاتک نہیں ہونتے ۔
سلار بخش : تو ہم کیا کچھ منشی ہیں ۔
وکیل : اچھا آج کھانا تو دل لگا کر پکانا ۔
سلار بخش : تو کسی باورچی کو بلوا لیجیے نہ ۔ وہ خوب پکائے گا ۔ اچھے سے اچھا باورچی لے آؤں گا اور دو روپیہ خرچیے تو عمدہ سے عمدہ کھانا پکوا دوں ۔ پھر چیٹ پیٹ ہو لیئے مگر ایک ہیں تو لنز کر آپ کا ۔ اِن کے لیے کوئی ماما نوکر رکھئے ۔ بے اس کے بات نہ بنے گی خداوند ۔ ہاں چاہے مار ڈالتے ہمیں ۔ ہم جھوٹ نہ بولیں گے ۔
وکیل : دیکھو رفتہ رفتہ فکر ہو جائے گی ۔
سلار بخش : فکر کیا خاک ہو گی ۔ مقدمہ والے تو آتے ہی نہیں ۔
وکیل : آئیں گے ۔ آئیں گے ۔

مرقع کا لطف ناتمام اور غیر دلچسپ رہ جائے گا اگر ساتھ ہی ساتھ وکیل صاحب کی باتیں بھی ناظرین غور سے ملاحظہ کرتے نہ چلیں گے حقیقت یہ ہے کہ سلارو کی چمک اور ان کے ابھار کے لیے وکیل صاحب کا وجود از بس ضروری ہے ۔ تالی ایک ہاتھ سے نہیں بجتی ۔ دراصل قدرت ہر شخص کو اس کی استعداد و استحقاق کے مطابق ماحول ودیعت کرتی ہے ۔ وکیل صاحب ہی ہی اس لائق کہ انہیں ایسا خادم ملے ۔ ۔ ۔ ۔ چنانچہ سلار بخش نے اپنے آقا کو بہت سمجھایا کہ میاں اس پھیر میں نہ پڑو ۔ روٹی کپڑے پر راضی ہوں تو خیر اور جو بیگم بن کے رہنا چاہیں تو دھتا بتاؤ ورنہ

لٹ جائیے گا۔ مگر میاں کی کچھ سمجھ میں نہ آیا۔ بڑی نرمی سے فرماتے ہیں :-

وکیل : اجی ایک مقدمے میں عمر بھر کی کسر نکل جائے گی۔

سلار بخش : تو جب آپ کو بیتیائے کبھی کوئی۔

وکیل : کہتے ہیں ہمیں یقین ہی نہیں آتا۔

سلار بخش : تو کیا ملے گا۔ ایک مقدمے میں کون سی ایسی رقم مل جائے گی۔

وکیل : اجی ملنے کی نہ کہو۔ ملے تو دو لاکھ مل جائے۔

سلار بخش : ایں ! اتنا جھوٹ۔ میاں میں نوکری نہ کرنے کا۔ دیکھئے چھت نہ گر پڑے کہیں۔ لوگ کہتے ہیں کال پڑتا ہے، بیفنے کا ذر رہوتا ہے۔ مینہ نہیں برستا ہے۔ برسے کیا خاک۔ اس جھوٹ کو تو دیکھئے۔ کچھ ٹھکانا ہے۔ دو لاکھ ایک مقدمے میں آپ پائیں گے۔ کبھی بابا راج دو ہزار کی بھی صورت دیکھی تھی۔ ہم نے تو آپ کے باوا کو بھی جوتیاں چٹخاتے ہی دیکھا۔ دو لاکھ پائیں گے ہونہہ۔ پا چکے۔ وہ تو کہیے فقیر کی دعا سے روٹیاں چلی جاتی ہیں۔ یہی غنیمت سمجھو۔

وکیل : تم بڑے گستاخ ہو۔

سلار بخش : میں تو کھری کھری کہتا ہوں۔

وکیل : ایسی کھری کھری کیوں کہو کہ کسی کا دل دکھے۔

سلار بخش : تو لگی لپٹی ہمیں نہیں آتی۔

وکیل : اچھا ایک کام تو کرنا۔ ذرا دو ایک آدمیوں کو لگا لانا۔

سلار بخش: کیا کرنا؟

وکیل: دو چار آدمیوں کو اہل مقدمہ بنا کر لے آنا۔

سلار بخش: یہ کیوں؟

وکیل: ہے ایک مصلحت۔

سلار بخش: یہ تو خبط ہوتا ہے۔

وکیل: تم ہونا معقول۔ سمجھتے نہیں اور ہر بات میں شاخیں نکالتے ہو۔ تم نوکر ہو یا آقا۔ کہہ دیا کہ دو چار آدمیوں کو مقدمہ والا بنا کر کے لاؤ، جس سے یہ سمجھیں کہ ان کے پاس مقدمہ بہت آتے ہیں۔ ہم تو رنگ جماتے ہیں نہ اپنا۔ یہ بات سمجھے؟ وہ ہم کو بہت اچھا سمجھنے لگیں گی اور ہمارا دم بھریں گی۔ تم کو اس بکھیڑے سے کیا واسطہ۔

سلار بخش: وہ بیکار باتیں ہیں آپ کی جن کا سر نہ پیر۔ اگر دو ایک کو پھانس پھونس کے لائے بھی تو فائدہ کیا۔ ٹکا تو وصول نہ ہوگا۔

وکیل: وہ سمجھیں گی تو کہ یہ بہت بڑے وکیل ہیں۔

سلار بخش: اجی چاہے صبح سے شام تک دو سو مقدمے والے آپ کے ہاں آئیں یا چاہے دن بھر سناٹا رہے۔ ان کو اپنے زیور، ماما چھچھو، میری ام عم سے واسطہ ہے اور جو آپ کے ہاں صبح سے شام تک پانچ ہزار آدمی بھی آئے اور ان کو ایک چھلا بھی آپ نے نہ بنوا دیا تو کیا۔

وکیل: دیکھو فکر نہیں ہے ہم۔ کوئی نہ کوئی تدبیر نکالیں گے۔ انشاء اللہ۔

سلار بخش : آپ ایک کام تو کیجئے۔

وکیل : وہ کیا؟

سلار بخش : وہ بڑا ضروری کام ہے۔

وکیل : تو کچھ کہو گے بھی؟

سلار بخش : وہ ضروری کام یہ ہے کہ خود بھی سو رہیں اور غلام کو بھی آزاد کریں۔

اقتباسات کہاں تک پیش کیے جائیں۔ قصہ مختصر یہ کہ دونوں سو رہتے ہیں۔ دوسرے دن بارہ بجے وکیل صاحب سو کے اُٹھتے ہیں۔ اس اثنا میں شبو جان سو کے اُٹھ چکی ہیں۔ سلارو سے وکیل صاحب کا نام پوچھتی ہیں۔ وہ ان کا نام ہنگین بتاتا ہے۔ باپ کا نام مداری۔ پیشہ دلالی۔ وکیل صاحب لیٹے لیٹے یہ سب سن رہے ہیں۔ اور دل ہی دل میں سلارو کو کوستے ہیں۔ جب اُٹھتے ہیں تو شبو جان پر رعب جمانے کے لئے سلارو سے اپنے نوکروں کا نام لے لے کے ان کی آج کی عدم حاضری کا سبب پوچھتے ہیں۔ نوکر بھی تک ملا تا جاتا ہے۔

وکیل : آج وہ دوسرا خدمت گار کہاں ہے الٰہی؟

سلار بخش : حضور چھٹی لے گیا ہے۔

وکیل : آج مبارک قدم نہ آئے۔

سلار بخش : رات اس کے لڑکا ہوا ہے۔

وکیل : اور کالے خاں کہاں مر گیا آج؟

سلار بخش : لال خاں کے پاس بھیجا تھا۔

وکیل : اور محرر نہ آیا ہمارا؟

سلار بخش۔ حضور نواب صاحب نے بلوا بھیجا تھا۔
وکیل: اہل مقدمہ کوئی آئے تھے؟
سلار بخش: حضور سب واپس چلے گئے۔
وکیل: کچھ پروا نہیں۔ ہم تو مقدموں کی کچھ ایسی پروا نہیں کرتے۔
سلار بخش: حضور کی گھر کی ریاست کیا کم ہے۔

سلار بخش کی مزید وفاداری ملاحظہ ہو۔ جب شبّو جان وکیل صاحب کو آڑے ہاتھوں لیتی ہے اور ان کا اور ان کے باپ کا نام اور پیشہ جو سلارو نے بتایا تھا۔ سُنا کر وکیل صاحب کو بتانا شروع کرتی ہے تو وکیل صاحب کو بڑا برا معلوم ہوتا ہے وہ سلارو کو لعنت ملامت کرتے ہیں کہ کیوں یہ نام بتایا۔ اس پر سلارو کہتا ہے" اب آپ کے پاس کیا کوئی میں ہی اکیلا نوکر ہوں کچھ رات کو پندرہ بیس آدمی تھے۔ کسی نے بک دیا اس کو ہم کیا کریں گے بھلا"۔ جب شبّو وکیل صاحب سے پوچھتی ہے کہ ان کے پاس کون کون سی سواری ہے اور وکیل صاحب جواب میں کہتے ہیں کہ آج کل تو بس ایک پالکی ہے اور دو گھوڑے تو سلارو کو ہنسی آجاتی ہے وکیل صاحب خفا ہو کے ہنسی کا سبب دریافت کرتے ہیں۔ تو سلار بخش کہتے ہیں" حضور نے جو اس وقت کہا کہ دو گھوڑے ہیں تو وہ دونوں ہنہنائے"۔

غرض کہ اس داستان کو کہاں تک طول دیا جائے۔ بڑی دور تک یہ پُر لطف مکالمہ چلا گیا ہے۔ اور سلار بخش کی باتیں اور کارگزاریاں پڑھ کر ہنستے ہنستے پیٹ میں بل پڑجاتے ہیں۔۔۔۔

نتیجہ وہی ہوا جو ظاہر تھا۔ نوکر نے آقا کا رنگ نہ جمنے دیا۔ اور آخر بی شبو جان راتوں رات ان کے ہاں سے کہیں اور کھسک گئیں۔ اس پر دوسری صبح آقا نے آبدیدہ ہو کر نوکر سے کہا۔ "سلارو" سلارو بولے "حکم خداوند"۔ وکیل صاحب نے کہا "ہماری قسمت" سلارو بولے "پھوٹ گئی خداوند، آپ کی قسمت پھوٹ گئی"!

میاں سلار بخش سے ہماری دوسری ملاقات بھی عجب دلچسپ موقع پر ہوتی ہے۔ میاں باہر سے یہ سن کر آئے ہیں۔ کہ شہر میں سرکس آیا ہوا ہے۔ ہیں شوقین، سوچے تماشہ دیکھنے چلنا چاہیئے مگر بغیر نوکر کے باہر جانا وضع کے خلاف تھا۔ جلدی جلدی گھر آئے اور بڑی بے صبری سے کواڑوں پر لاتیں مار مار کے دروازے کھلوائے۔ آقا اور نوکر میں اس کے بعد جو پر لطف گفتگو ہوئی ہے اسے تو اصل کتاب ہی میں پڑھ کے ناظرین لطف اٹھائیں۔ یہاں ہم صرف دو جگہ سے اقتباسات نقل کرتے ہیں۔

آقا: بھئی انگریز آتے ہیں۔ ان کے ساتھ چالیس گھوڑے ہیں
ایک سے ایک بڑھا ہوا۔ پری کی صورت، بیٹھی ولیں بھاری، تھوتھنی چھوٹی۔ پیشانی چوڑی۔ عضو عضو سانچے میں ڈھلا ہوا اور تین شیر ہیں ان سے ایک آدمی جا کے لڑتا ہے۔

سلارو: چلو بس گپ نہ اُڑاؤ۔ سوائے ڈینگ کے دوسری بات ہی نہیں۔ جب دیکھو گپ ہی اُڑاتا ہے۔ ڈینگیا زمانہ بھر کا۔

آقا: (دھول لگا کر) یہ کیا تقریر تھی۔ کیوں جی یہ کیا گفتگو تھی (اور جما کر ماہائیں) بدتمیز۔ پھر کہے گا؟

سلارو: قصور ہوا مگر دھوکے میں پھنس گیا۔ سمجھا تھا کچھ اور ہوئی کچھ اور۔

آقا: سمجھا کیا تھا۔ آخر یہ تو سمجھا کیا تھا؟

سلارو: اس وقت کچھ خیال نہ رہا۔ یہ تو یاد نہ آیا کہ ہمارے آقا سے اور ہم سے گفتگو ہوتی ہے۔ سمجھا کہ مدّی لکڑ ہارے کا لونڈا باتیں کر رہا ہے۔

آقا: تو غلطی کی نہ۔ پھر غلطی کا خمیازہ کھینچو۔

سلارو: پھر چوں تک بھی تو نہیں کی۔ چپ چاپ پٹا کیا۔ خاموش رہا۔

آگے چل کر آقا اپنی شیخی اور دھاک جمانے کے لئے نوکر سے کہتے ہیں کہ ہم بڑے خود دار آدمی ہیں اور کڑی بات نہیں سہ سکتے۔ ادھر کسی نے کڑی بات کہی ادھر ہم پیٹ چلے۔ نوکر اقرار کرتا ہے کہ "ہاں میاں ہاں یہی بات ہے"۔ اس پر اس سے توبہ کرائی جاتی ہے تاکہ آئندہ سے ایسی سخت گفتگو نہ کرے اور نوکر توبہ کر لیتا ہے آقا کہتے ہیں کہ "بس اب ہم تم سے خوش ہو گئے"۔ مگر سلار بخش تو آخر سلار بخش ہی ہیں۔ اپنی رقم کے ایک۔۔۔ اگر زبان نہ ہو تو گدّی پھوٹ نکلے"۔ وہ بولنے سے نہیں چوکتے۔ کہتے ہیں:۔

سلارو: ہونہہ ہم سے خوش نہ ہو تو بھیک بھی مانگنے لگو۔

آقا: پھر وہی بات؟

سلارو: کیا کچھ جھوٹ ہے؟

آقا: تو ہم تیری بدولت جیتے ہیں۔ کیوں بے؟

سلارو : موقوف کر کے دیکھ لو۔ دوسرے ہی دن چوری کرا دوں۔
اول تو آپ کے پلے کیا ہے مگر مور را شبنم طوفان۔ آفتابہ
اور رضائی اور دو جوڑے کپڑے اور دست پناہ اور۔ آبخورہ
اور کٹورہ اور پتیلی اور اگالدان اور بچھونا یہی اگر کوئی سمیٹ
لے جائے تو رو دو۔ ہونھ۔ ہم سے سیانا سو دوانا۔

اس پر آقا کو جو غصہ آیا تو لکڑی لے کر دوڑے اور سلارو نے کوٹھری کا دروازہ بند کر لیا۔

آقا اور خادم کے تیسرے مرقع کا میدان تماشا گاہ ہے جہاں ان سے ہماری رواروی میں ملاقات ہوتی ہے۔ سرکس میں وقفہ کے درمیان ہم آقا اور خادم کو باہر جاتے ہوئے بھیڑ بھاڑ میں زنانہ درجہ کے قریب چق کے پاس ٹھٹکا ہوا دیکھتے ہیں۔ یہ وہ وقت ہے کہ سونے کے جڑاؤ کڑے انعام میں دے ڈالنے پر ثریا بیگم کی تماشے بھر میں تعریف ہو رہی ہے۔ اور ہر شخص اپنی اپنی جگہ متحیر و متجسس ہے کہ یہ بیگم کون ہیں۔ میاں کی عقل تو شبو جان ہی اوندھی کر گئی تھیں۔ اب ایک رئیس زادی کی سخاوت و امارت کی بہتی گنگا میں ہاتھ دھونے کا شوق چرایا۔ لطف یہ کہ اسی چق کے اندر ثریا بیگم مع اپنی مغلانی، چھوکریوں اور مہریوں کے ان کا تماشہ دیکھ رہی ہیں۔ نوکر سے فرماتے ہیں :۔

آقا : یار کسی طرح ان کا پتہ لگاؤ کہ یہ کون ہیں۔ شبو جان تو چکما
دے کر چلی گئیں۔ شاید یہی نکاح پر راضی ہو جائیں۔

نوکر : (مسکرا کر) ضرور۔ اور خوبصورت بھی خیر سے آپ ایسے

ہی ہیں۔

آقا: کیوں؟ کیا اس میں بھی کچھ شک ہے۔ جوان، نوعمر، حسن، وجیہہ۔

نوکر: حضور بس عیب حضور میں اتنا ہی ہے کہ اپنے منہ میاں مٹھو بنتے ہیں۔

آقا: (اپنے گالوں پر تھپڑ لگا کر) سچ کہتے ہو۔ واللہ سچ ہے۔

نوکر: اس کی سند نہیں۔ اپنے آپ تھپڑ لگائے تو کیا بات جب ہے کہ یہ گال آپ کے اور ہاتھ کسی اور کے جب جا کر چانٹے کی آواز آئے ورنہ یوں تو ہمیشہ رنجک چاٹ جائے گی۔ انصاف شرط ہے خداوند تماشا پھر شروع ہو جاتا ہے اور اس دفعہ بیگم صاحب ایکسا ایکٹر کو پچاس روپیہ انعام دیتی ہیں اور تماشے میں پھر ان کی تعریف ہوتی ہے۔ ریونیو ایجنٹ نے جو سُنا کہ ثریا بیگم نے پھر انعام دیا تو سلارو سے کہا "بھیا سلارو ثریا بیگم کا پتہ لگاؤ۔ کوئی بڑی امیر کبیر معلوم ہوتی ہیں"۔ سلارو نے کہا "ہمیں تو یہ افسوس ہے کہ تم بھالوکیوں نہ ہوئے۔ بس تم اس لائق ہو کر رستوں سے جکڑ کے سامنے والے میدان میں دوڑ لیئے"۔ ریونیو ایجنٹ نے آنکھیں نیلی پیلی کیں تو سلارو دبے دانتوں بولا "بس بس یہاں بلوہ نہ مچانا۔ یہ گھر نہیں ہے"؟

غرضیکہ "وزیرے چنیں شہریارے چناں" کی یہ دلچسپ داستان ہنساتے ہنساتے پیٹ میں بل ڈال دیتی ہے۔ اس "لطیف حکایت" کو کہاں تک "دراز" کیا جائے۔ باقی ملاقاتوں کے لیئے ناظرین

اصل کتاب سے رجوع کریں۔

میاں سلار و کی جیتی جاگتی تصویر کم از کم مجھے تو بعض خصوصیات کے لحاظ سے اپنے ہاں کے ایک قدیم خاندانی نوکر رعایت اللہ کی شکل میں نظر آتی ہے۔ اور میں اُمید کرتا ہوں کہ اسی طرح ناظرین میں سے بہت سے بزرگ میاں سلارو کو کسی نہ کسی جانے بوجھے خادم کے لباس میں جلوہ گر دیکھ سکیں گے اس سے بڑھ کر اس کے کردار کی صداقت اور حقیقت کا کیا ثبوت ہو سکتا ہے۔ اسی لئے میں کہتا ہوں کہ فراجیہ کرداروں میں فسانۂ آزاد کی چاروں ضخیم جلدوں میں جس قدر سچا شروع سے آخر تک یکساں مربوط و ہموار، بالکل مطابق فطرت اور بے حد ہنسانے والا یہ چھوٹا سا کردار ہے کوئی دوسرا حتیٰ کہ خود خوجی بھی نہیں۔

آپ شاید کہیں کہ سلارو جیسے لوگ اب اس دنیا میں کم یاب ہیں اس لیے سلارو کا کردار حقیقی اور ابدی نہیں ہے۔ لیکن حقیقت کی تعریف اگر آپ یہ کرتے ہیں کہ کہاں تک ایسے نوکر دنیا میں موجود ہیں۔ تو اس میں اس کا اور اضافہ کیجئے کہ کہاں تک ایسے لوگوں کے وجود کا امکان ہے اور اس سے انکار نہیں کیا جا سکتا کہ وکیل صاحب جیسے آقا اور ان کے گھر کے سے ماحول کے لیے سلارو کا وجود اس دنیا میں از بس ناگزیر ہے۔

حقیقت میں فسانۂ آزاد ایک مسلسل منضبط اور طولانی داستان کی حیثیت سے ایک ناکام تصنیف ہو لیکن اس کی ہر دل عزیزی، عظمت اور ابدی حیات کے ضامن اسی قسم کے دلچسپ

اور سچے مرقعے ہیں جنہیں انگریزی کی ایک اصطلاح کا ترجمہ کر کے "زندگی کی قاشیں" کہیے اور انہیں کی بناء پر یہ بالکل سچ کہا جاتا ہے کہ فسانۂ آزاد کی کوئی جلد اٹھا کے کہیں سے پڑھنا شروع کر دیجیے اگلے پچھلے صفحوں کے اُلٹنے پلٹنے کی ضرورت نہ ہوگی اور معلوم ہوگا جہاں سے پڑھنا شروع کیا ہے۔ قصہ کی ابتدا اور اس کی دلچسپی کا اصل مرکز یہی ہے۔

گریرسن نے اپنے جائزہ زبان کے مقدمہ میں اُردو کے الفاظ و محاورات کی انگریزی زبان کے مقابلے میں چند خصوصیات کے ثبوت میں ایک غیر ملکی سیاح زیری کی روایت پر ایک قصہ لکھا ہے کہ ایک انگریزی فاضل جج نے ایک مقدمہ میں قاتل کو موت کی سزا دی۔ اور فیصلہ اتنا طویل لکھا، نیز اس میں قتل کے غیر اخلاقی پہلوؤں پر ایسی تفصیلی بحث کی کہ اُسے قاتل کو سنانے کے لئے اُردو میں اس کا خلاصہ کرنا مشکل معلوم ہوا۔ اس نے اپنے اہلمد سے کہا کہ وہ فیصلہ کا اُردو خلاصہ ملزم کو سنا دے۔ اہلمد نے ایک مختصر جملے میں سب کچھ کہہ دیا "جا بد ذات تجھے پھانسی کا حکم ہوا!"

— ج۔ق (چشمۂ آفتاب)

دو تبصرے

نمونۂ لغاتِ اردو

"نمونہ لغات اردو" بڑے سائز پر ٹائپ میں چھپا ہوا ۱۶ صفحات کا ایک رسالہ ہے جسے ترقی اردو بورڈ[1] کراچی نے شائع کیا ہے۔ بورڈ کے ذمہ ایک بڑا اور اہم کام اردو کی مفصل، مشرح اور مستند لغت کی تیاری ہے۔ اور اس سلسلے میں بورڈ جو کام کر رہا ہے اہل علم کے ملاحظہ اور تبصرے کے لیے اس رسالے میں اس کا نمونہ پیش کیا گیا ہے۔

کوئی شخص خواہ وہ کتنا ہی بڑا عالم و فاضل کیوں نہ ہو یہ دعویٰ نہیں کر سکتا کہ وہ کسی زبان کے ہر لفظ کی نسبت سب کچھ جانتا ہے۔ پھر جب سوال زندہ زبان کا ہو جو "جادہ داں، پیہم رواں، ہر دم جواں ہے زندگی" کے مصداق ہر وقت بڑھتی اور پھلتی پھولتی رہتی ہے تو لغت نویسی کسی شخص واحد کی سمائی سے قطعاً باہر ہو جاتی ہے۔ اس لیے دنیا کی بعض زبانوں کی بہترین لغات شخصی کے بجائے جماعتی طور پر مرتب کی گئی ہیں۔ اردو زبان میں اب تک جتنی مشہور لغات تیار ہوئی ہیں وہ شخصی طور پر لکھی گئی ہیں۔ اور اگرچہ ان کے مرتبین

---

[1] اب اردو ڈکشنری بورڈ۔

نہایت لائق وفائق اشخاص تھے لیکن ان فطری مجبوریوں کے سبب جن کا ابھی تذکرہ کیا گیا وہ لغات بھی نامکمل اور ناقص ہیں۔

یہ مان لینے کے بعد کہ تمام الفاظ پر عبور شخص واحد کی بات نہیں نیز کئی اصحاب کی مجموعی کوششیں بھی لغت میں ہر لفظ کی شمولیت کی ضامن نہیں ہو سکتیں، بورڈ نے یہ فیصلہ کیا کہ اخذِ الفاظ کی غرض سے اُردو زبان کا سارا مستند نثری و شعری اَدب کھنگال ڈالا جائے، تاکہ کوئی متداول، متروک یا نادر الاستعمال مفرد یا مرکب لفظ، اصطلاح، محاورہ یا مثل مجوزہ لغت میں شامل ہونے سے نہ رہ جائے۔ اس غرض سے اُردو ادب کے تین دَور قائم کیے گئے اور ہر دور کی تصانیف کو بنیادی اور غیر بنیادی دو شعبوں میں تقسیم کیا گیا۔ بنیادی تصانیف کے مطالعہ کا کام بورڈ کے مستقل عملے کے سپرد ہوا۔ اور غیر بنیادی کتب کے مطالعے میں نیم رضا کارانہ طریقے پر ملک کے منتخب اہلِ قلم کو شریک کیا گیا جن میں میں بھی تھا۔

یہ لغت نویسی کا پہلا مرحلہ تھا۔ اب بورڈ دوسرے مرحلہ یعنی الفاظ کی تشریح نگاری کا آغاز کر رہا ہے۔ چنانچہ اس نے زیرِ نظر رسالے کے جزو الف میں "اب" سے لے کر "اشفاق" تک کے منتخب الفاظ اور جزو ب میں "اصابت" سے لے کر "اصل" تک کے مسلسل الفاظ کی تشریح نگاری کے نمونے پیش کیے ہیں۔ اس میں شک نہیں کہ بہ حیثیت مجموعی یہ کام بڑی محنت اور عرق ریزی سے کیا گیا ہے۔ یعنی سب سے پہلے تلفظ دیا گیا ہے اور جیسا کہ ظاہر ہے یعنی الفاظ کے ایک سے زائد تلفظ بتائے گئے ہیں۔ اس کے بعد قواعد کی رو سے ہر لفظ کی مختلف

حیثیتوں کی وضاحت کی گئی ہے۔ پھر بشرطِ ضرورت قدیم تلفظ دیا گیا ہے۔ نیز لفظ کے متروک یا متداول ہونے کی وضاحت کی گئی ہے۔ اس کے بعد بڑی شرح و بسط کے ساتھ معنی دیئے گئے ہیں۔ اور کم از کم ایک لفظ کے تو چودہ[14] معنی بیان کیے گئے ہیں۔ پھر ضروری ہوا تو مشتقات یا محاورات یا امثال آتے ہیں۔ اسی کے ساتھ حتی الامکان ہر لفظ کے ہر تلفظ اور ہر معنی کے استعمال کی ہر دور میں مثالیں دی گئی ہیں چنانچہ اس طرح اس لفظ کی پوری تاریخ نظر کے سامنے آجاتی ہے۔

یہاں تک تو سب ٹھیک ہے مگر افسوس ہے کہ اس نہایت مناسب طریقۂ کار پر عمل درآمد کے سلسلے میں مرتبین سے کہیں کہیں فروگزاشتیں ہوگئی ہیں ان کی طرف بورڈ کی توجہ دلانا ضروری ہے بالخصوص جب رسالہ کی اشاعت کا مقصد ہی رائے معلوم کرنا ہے۔ مثلاً ارتھی کو ہندو کا جنازہ کی بجائے لاش یا نعش کہنا چاہیئے تھا۔ جنازہ مسلمانوں سے مخصوص ہے۔ اسوار کی معنی میں گھڑ سوار کی تخصیص صحیح نہیں۔ سوار کا لفظ کافی تھا۔ مرثیہ موجود ہے ؎

ہے روایت شتر اسوار کسی کا تھا رسول
اُن دنوں شہر مدینہ میں ہوا اسکا نزول

اسی طرح حوالہ جات میں بعض ایسے نام نظر سے گزرے۔ جن کو کانوں نے سنا بھی نہیں۔ مثلاً شمیم امروہوی ممکن ہے ان کی شہرت مقامی ہو مگر ایسوں کو سند کا مرتبہ دینا دوسرے مستند بزرگوں کی توہین ہوگی اور اس سے لغت کا اعتبار بھی جاتا رہے گا۔ حوالوں کے سلسلے میں

کوئی مقررہ اصول بھی سامنے نہیں رکھا گیا۔ کہیں شاعر یا مصنف کا نام ہے کتاب کا نام غائب اور کہیں کتاب کا نام ہے شاعر یا مصنف کا نام غائب۔ بعض جگہ مصنف کا پورا نام نہیں دیا گیا۔ ہمارے خیال میں شعراء کا تو صرف تخلص کافی ہو سکتا ہے۔ مگر مصنفین کا پورا نام دینا چاہیئے۔ مثلاً بہادر شاہ کے لیے ظفر ٹھیک ہوگا۔ مگر نذیر احمد کے بجائے صرف نذیر درست نہیں۔ کہیں کہیں شعراء کا نہ پورا نام ہی دیا ہے نہ تخلص مثلاً محمد قلی سے کیا مراد ہے؟ پورا نام محمد قلی قطب شاہ نہیں تو قلی قطب شاہ ہونا چاہیئے۔ کہیں کہیں کتاب کا بھی آدھا نام دیا گیا ہے یا اسے مخفف کر دیا گیا ہے۔ یہ اسی وقت صحیح ہو سکتا ہے۔ جب کتاب اس نام سے مشہور ہو چکی ہو۔ ورنہ پورا نام دینا چاہیئے مثلاً غیاث اللغات کو غیاث کہہ سکتے ہیں۔ مگر الحقوق والفرائض صرف حقوق نہیں کہی جا سکتی۔ نیز کسی شاعر کے کلام کے سلسلے میں اگر اس کے دیوان کا کوئی نام ہے تو وہ درج کرنا چاہیئے۔ صرف دیوان لکھنا کافی نہیں۔ [1]

اُردو اور افغان

اسے پشتو اکادمی پشاور یونیورسٹی نے شائع کیا ہے۔ اس کے مؤلف ہیں امتیاز علی عرشی صاحب جنھیں اہلِ علم رامپوری اور ماہر

[1] جیسا کہ زیرِ تبصرہ رسالے کے نام سے ظاہر ہے یہ تدوین لغات کا ابتدائی دور تھا۔ اب اصل لغات کے کئی حصے بازار میں آ چکے ہیں۔

غالبیات ہی سمجھتے تھے۔" اردو اور افغان" دیکھ کر معلوم ہوا کہ آپ بلا حاجی خیل قبیلہ سے تعلق رکھتے ہیں۔ اور پشتو زبان کے بھی ماہر ہیں۔

عرشی صاحب کا کہنا ہے کہ افغان آریائی زمانہ ہی سے برصغیر پر مختلف حیثیتوں میں اثر انداز رہے ہیں۔ اور بدھ مت کے پھیلنے کے بعد تک تو اہلِ ہند اور مشرقی افغانستان میں گہرا مذہبی، معاشرتی اور لسانی رابطہ قائم ہوا۔ سبتگین اور محمود غزنوی کے زمانے سے وہ ایک بالا دست طاقت کی حیثیت سے ہندوستان میں آئے۔ اور جب لاہور کو غزنوی حکومت کا مرکز بنایا گیا تو پنجاب پر افغانی اثر بہت بڑھ گیا۔ اس رشتے کو بعد میں غوریوں نے مزید استوار کیا۔ اور افغان دہلی، دکن، مالوہ، خاندیس، گجرات، اودھ، بہار اور بنگال تک پھیل گئے۔ لودھیوں نے ملکی استحکام قائم کرنے کے ساتھ ساتھ مقامی باشندوں کو فارسی تعلیم کی ترغیب دی اور انہیں ملکی کاروبار میں لگایا۔ مغلوں کے عہد کی ابتدا میں بھی جنھوں نے ابراہیم لودھی کو شکست دی، ملک میں افغانی عنصر اتنا زبردست تھا کہ ہمایوں شیر شاہ افغان کے سامنے نہ ٹھہر سکا۔ بعد میں ہمایوں اور اکبر نے مغلیہ حکومت کے قدم دوبارہ جمائے۔ مگر اکبر افغان بادشاہوں کے اثر کو نہ صرف مٹا نہ سکا بلکہ دیسی لوگوں کو ساتھ ملانے اور کاروبار ملکی میں لگانے نیز ملک داری کی آئین سازی میں اسے افغان بادشاہوں سکندر لودھی اور شیر شاہ ہی کی پالیسی اختیار کرنی پڑی۔

عہدِ مغلیہ میں افغانوں کا اثر ضرور گھٹ گیا تھا۔ مگر مغلوں کا زوال شروع ہوا تو انھوں نے ملک کے اندرونی حصوں میں پھر اپنا اثر

بڑھانا شروع کیا۔ لاکھوں افغان ترک وطن کر کے ہندوستان آئے اور ان میں سے بعض پہلے مقامی امراء کے ملازم ہوئے، پھر اپنی اپنی ریاستیں قائم کر کے الگ ہو بیٹھے۔ انگریزوں نے ان بہت سے حکمرانوں کو ختم کر دیا، مگر بھوپال، ٹونک، جاورہ، رام پور برقرار رہے۔ پھر افغانی تجار، درویش، علماء، طلباء وغیرہ بھی بے شمار تعداد میں آئے۔ ان کے ہزاروں خاندان یہیں رہ پڑے، بلکہ بہتیرے قبیلے برصغیر میں موجود ہیں اور افغانستان سے غائب ہو گئے۔

عرشی صاحب کہتے ہیں کہ جو قوم ہندوستان کے اندر اتنے مختلف بھیسوں میں سینکڑوں برس سے آ جا اور رہ رہی ہو اس کا یہاں کی تہذیب و تمدن، سیاست و معاشرت اور زبان و ادب پر مطلق اثر انداز نہ ہونا کس طرح باور کیا جا سکتا ہے۔ جہاں تک زبان کا تعلق ہے آپ نے صرف روہیل کھنڈ اور اس کے نواحی علاقوں کی موجودہ اردو سے سوا سو الفاظ پیش کیے ہیں جو نہ فارسی کے ہیں نہ مقامی ہیں، بلکہ پشتو سے آئے ہیں یا مماثلت رکھتے ہیں۔ آپ مفصل بحث کے بعد ایک قدم آگے گئے ہیں اور دعویٰ کرتے ہیں کہ اردو زبان کی پیدائش کا سب سے بڑا سبب ہندوستان میں افغانوں کی آمد تھی اور اس نئی زبان میں اپنے اصلی معنوں سے قدرے مختلف یا تبدیل شدہ معنوں میں بولے جانے والے عربی، فارسی، ترکی اور مغلی الفاظ کا بڑا حصہ بھی افغانیوں ہی کی زبان رہا ہے اور انھیں کی وساطت سے اردو میں داخل ہوا ہے۔ آپ نے اس قسم کے ۲۵۲ الفاظ کی فہرست دے کر اپنے دعوے کی روشنی میں ان پر مفصل تبصرہ کیا ہے۔

اس سے پہلے دکن، گجرات، پنجاب، سندھ وغیرہ سے اُردو کے تعلق پر قابلِ قدر کتابیں شائع ہو چکی ہیں۔ یہ کتاب اس سلسلے کی نئی کڑی ہے اور بہت ہی دلچسپ اور معلومات افزا ہے۔[1]

---

[1] یہ تبصرہ کراچی ریڈیو اسٹیشن سے عرشی صاحب کی زندگی میں نشر ہوا تھا۔ تاریخ اور وقت سے موصوف کو مطلع کر دیا گیا تھا۔ مگر وہ بدل گئے اور سن نہ سکے۔ کتاب بھیجتے وقت مجھے لکھا تھا "میری دھاندلی کی داد دیجیئے گا۔"

بابائے اُردو نے تمام عمر لکھا۔ اُردو کی بڑی خدمت کی، لیکن ان کی نثر کی تمام خصوصیات اگر کسی ایک مضمون میں یک جا ملیں گی تو اس چند صفحات کی تحریر میں (جو اصل میں اُن کی ایک تقریر کا متن ہے) جس میں سید محمود کو خراجِ تحسین ادا کیا گیا ہے۔ اس میں اُن کا خونِ جگر جسے اقبال نے "معجزہ فن" کے لئے لازمی قرار دیا ہے۔

ع معجزۂ فن کی ہے خونِ جگر سے نمود!

بھی شامل ہے۔ اسی لئے وہ "از دل خیزد بر دل ریزد" کا بھی بہترین نمونہ ہے۔

اگر کسی اہلِ قلم کی نجات کے لئے اس کی کسی تحریر کی ضرورت ہے تو بابائے اُردو کی نجات کے لئے ان کی یہ تحریر کافی ہونی چاہیئے۔

—— ج۔ ق (چشمۂ آفتاب)

"عیاش" انتھونی میکڈانل

کئی سال سے میں پریشان ہوں۔ سر انتھونی میکڈانل کے بارے میں جس نے یوپی میں بہ حیثیت گورنر ۱۹۰۰ء میں ہندی کی موافقت میں سرکلر جاری کر کے اُردو ہندی تنازعے کی ابتدا کی تھی یا یوں کہیے کہ دو قومی نظریے کی آگ پر تیل کا کپا انڈھایا تھا، میں نے ایک قصہ پڑھا تھا۔ جہاں تک یاد آتا ہے یا تو راس مسعود مرحوم کی دستاویزات میں جو مجھے محترمہ بیگم مختاری مرحومہ اور عزیزا حسان رشید کی مہربانیوں سے حاصل ہوئی تھیں یا کسی انگریزی اخبار کے تراشے میں پڑھا تھا (اور شاید اسے آئندہ کبھی کام میں لانے کے لیے احتیاطاً سے رکھ دیا تھا)، یا پھر جب میں انجمن ترقی اُردو کی لغات کے مختلف ایڈیشنوں کی نظر ثانی اور ان میں سے بعض کی پہلی بار ترتیب کے منصوبوں پر کام کر رہا تھا، فیلن یا پلاٹس کی تحریروں میں کہیں نظر سے گزرا تھا، مگر وہ حوالہ مجھے اب کہیں نہیں ملتا۔

میں نے نہ صرف اپنے تمام کاغذات اور یاد داشتوں کے انبار کئی بار کھنگال ڈالے بلکہ اپنے پہلے سفر انگلستان و شمالی امریکہ (۱۹۷۸ء) میں برٹش لائبریری لندن، کارنیجی لائبریری (جواب غالباً پبلک

لائبریری کینیڈا کہلاتی ہے) آٹوا اور کئی دوسرے کتب خانوں میں بھی اس قصے کا حوالہ تلاش کیا اور ان اداروں سے متعلق کئی دوستوں سے بھی اس کام میں مجھے مدد دینے کی درخواست کی مگر آج تک گوہر مقصود ہاتھ نہ آیا۔ اسی کے ساتھ ہر وقت ایسا معلوم ہوتا ہے جیسے وہ تراشہ یا تحریر آنکھوں کے سامنے ہو اور اس کا مضمون دل و دماغ میں گھوم رہا ہو۔

قصہ کچھ یوں تھا کہ میکڈانل یوپی میں آنے سے پہلے صوبہ بہار میں کہیں غالباً کمشنر تھا۔ عیاش آدمی تھا اور اپنی کوٹھی کے شاگرد پیشے میں اس نے ایک ہندو شیر فروش کو رکھ چھوڑا تھا۔ اس نے اس کی جوان بیٹی کو خراب کر دیا تو باپ نے جھگڑا اٹھایا۔ میکڈانل نے روپیہ دے دلا کر معاملے کو رفع دفع کرنا چاہا مگر بڑھتے بڑھتے وہ نواح کے ہندوؤں کا عام مسئلہ بن گیا جو میکڈانل کی جان اور عزت کے درپے ہو گئے۔ جب ہندوؤں نے اس کے خلاف یوں زبردست محاذ قایم کیا تو حکومت نے عام بلوہ اور فساد کے اندیشے سے یا تو اسے استعفیٰ دے کر ولایت واپس چلے جانے پر مجبور کیا یا وہ خود لمبی رخصت پر انگلستان چلا گیا تاکہ اس اثنا میں معاملہ ٹھنڈا ہو جائے۔ چنانچہ یہی ہوا۔

کچھ عرصے کے بعد جب معاملہ ذرا دب گیا تو میکڈانل کو یوپی میں گورنری پر بلا لیا گیا اور اس نے ہندوؤں کو خوش کرنے کی غرض سے ہندی کی سرپرستی میں وہ رسوائے زمانہ سرکلر جاری کیا۔ اب وہ ہندوؤں کی آنکھوں کا تارا بن گیا۔

اس دَور کی لسانی و ثقافتی تحقیقات کرنے والے اصحاب
سے استدعا ہے کہ وہ یہ حوالہ تلاش کر کے میری
مدد فرمائیں۔

"عصمت" کا کالم
دُنیا کے میلےؔ

(۱)

آپ کے قابل قدر پرچہ "عصمت" کے سالگرہ نمبر میں بہلول فارابی صاحب نے لکھا ہے کہ "بہرحال جب آخرکار وہ مرگئیں اور اس کی لاش کی بے شمار تصویریں اخباروں میں چھپیں تو سارے پاکستان نے دیکھا کہ طاہرہ نقویؔ کی میّت کا چہرہ قبلہ کی طرف مڑا ہوا ہے اور یہ درجہ اللّٰہ کی طرف سے ولیوں کو ملتا ہے۔ سبحان اللّٰہ سبحان اللّٰہ۔

میں موصوف کے اس بیان سے اتفاق کرسکتا ہوں مگر ولیوں کے علاوہ اگر کسی اور شخص کی میت کا چہرہ قبلہ رو ہو تو اس امر کا اطمینان کرلینا چاہیئے کہ چہرہ ازخود قبلہ کی طرف مڑا ہے یا مرنے والے کے عزیزوں اور پسماندوں نے قبلہ رو کیا ہے۔ اس لیے کہ بہلول صاحب کو یہ تو معلوم ہوگا کہ ابتدائے اسلام سے ہم مسلمانوں میں برکت کے لیے نیز اس لیے کہ میّت خراب نہ ہو یہ

ہمشیرہ آمنہ نازلی صاحبہ مدیرہ "عصمت" کے نام دو خط

لہ پاکستان ٹی وی کی اداکارہ۔

ہوتا آیا ہے کہ کسی کے مرتے ہی لیعنی" موت کے لبعد گردن" یا جسم کے اد حصے" ہڈی کی طرح سخت " ہو جانے سے پہلے ہی اس کی میت کا منہ قبلہ کی طرف پھیر دیتے ہیں، آنکھیں کھلی ہوں تو انھیں آہستہ سے دونوں انگلیوں سے بند کر دیتے ہیں، ہاتھ پیر ٹیڑھے ترچھے ادھر اُدھر پڑے رہ جائیں تو انھیں برابر کر دیتے ہیں، ناک کے نتھنوں اور کانوں میں روئی کے پھوئے رکھ دیتے ہیں اور دونوں پیروں کو ملا کر اُن کے انگوٹھے کسی کپڑے کی پتلی چیٹ سے باندھ دیتے ہیں وغیرہ وغیرہ۔

تو کیا بہلول صاحب نے اس کا اطمینان کر لیا ہے کہ مرحومہ (خدا اسے جنت نصیب کرے) کی میت اس کے عزیزوں نے قبلہ رو کی تھی یا وہ خود بخود قبلہ رو ہو گئی تھی؟ "ولیوں کا چہرہ خود بخود بھی قبلہ رو ہو جاتا ہے مگر یہاں بطور ایک واقعہ کے مرحومہ کے سلسلے میں اس بات کی تصدیق اس لیے کرنا چاہتا ہوں کہ موصوف نے اپنا یہ بیان" نام نہاد دینی لیڈران" کے مرحومہ کے خلاف بعض بیانات کی تردید میں دیا ہے، اور مزید اس لیے تاکہ ان کے دعوے میں پوری تقویت پیدا ہو جائے۔

رہا مرنے کے بعد کسی خاتون یا مرد کی میت کی اخبارات میں بے تحاشا اشاعت و تشہیر کا کسی صاحب کا اپنے کسی مقصد یا دعوے کے ثبوت کے طور پر استعمال کرنا اس کے بارے میں کیا کہا جائے۔ مغربیت نے ہماری آنکھوں پر دبیز پردے ڈال رکھے ہیں، اور ہم کثرتِ رائے ہی کو ہر چیز یا عمل کے صحیح ہونے کا معیار سمجھنے لگے ہیں۔ حالانکہ اقبال نے اپنے اس مصرعہ میں کتنی بڑی صداقت

نظم کردی ہے۔

ع کہ از مغز دو صد خر فکر انسانے نہ می آید!

(۲)

اس پرچہ میں بہلول فارابی صاحب کے "دنیا کے میلے" کا پیرایۂ آغاز نہ صرف واقعاتی لحاظ سے غلط ہے بلکہ چونکہ کلام پاک کے مضمون کو نہایت آزادانہ بلکہ لچر انداز میں توڑا مروڑا گیا ہے اسے مسلمانوں کے لیے انتہائی ناقابل برداشت بھی سمجھتا ہوں۔ پیرایۂ آغاز ملاحظہ ہو:۔

"دنیا کی سب سے پہلی عشق کی حکایت یوسف اور زلیخا کی داستان ہے۔ اس کے معنی یہ ہوئے کہ اللہ نے دنیا والوں کو مرد وزن کا عشق بھی اپنے پیغمبر حضرت یوسف کے ذریعہ سے سکھایا۔ یہ بھی عجیب ناقابل فہم خداوندی راز ہے کہ زلیخا ایک فرماں روا کی بیوی تھی اور یوسف اسی حاکم کے ملازم تھے۔ اس پوری سرگزشت کا بیان القرآن میں موجود ہے۔ جب زلیخا کے شوہر کا انتقال ہوا تو وہ بوڑھی ہوگئی تھی اور یوسفؑ جوان تھے تو اللہ تعالےٰ نے اپنی قدرت سے عشق کے سچے جذبے کی لاج رکھنے کی خاطر زلیخا کو بھی جوان بنا دیا۔"

معلوم ہوتا ہے فارابی صاحب نے کلام پاک کی تلاوت کی زحمت کبھی گوارا نہیں کی یا اگر کی تو کتاب اللہ کو بھی ایک ناول یا ڈائجسٹ کے معیار سے ملاحظہ فرمایا۔ بھلا کہاں زلیخا کی اپنی بیسوائی کے کرتبوں سے اللہ کے رسول کو حرام کاری کی ترغیب اور

کہاں بہلول صاحب کے الفاظ ہیں "عشق کے سچے جذبے کی لاج!" اگر وہ یہ کہتے کہ اس قصے کے ذریعہ خداوند تعالیٰ نے غلط اور ناجائز اور مکروہ قسم کے جذبات سے انسان کو پناہ مانگنے کا سبق سکھایا تو یہ عین منشائے الٰہی کے مطابق اور ان کے حق میں بہتر ہوتا۔ جناب یوسف نے قدم قدم پر اس عورت سے پناہ مانگی۔ اور آپ کا یہ اعلیٰ کردار ملاحظہ ہو کہ بار بار نفرین کرتے کہ ارے جو شخص میرا بہترین محسن اور مربیؑ ہو اس کی امانت میں خیانت یعنی اس کی بیوی کے بارے میں ایسے غلط خیالات توبہ توبہ!

اور یہ بھی خوب لکھا کہ "زلیخا ایک فرمانروا کی بیوی تھی" جب کہ وہ عزیز مصر کی بیوی تھی، جو مصر کے فرمانروا فرعون کا ایک عہدہ دار تھا۔ اور اس سے بھی زیادہ خوب یہ بات ہوئی کہ "جب زلیخا کے شوہر کا انتقال ہوا تو وہ بوڑھی ہو گئی تھی اور یوسف جوان تھے تو اللہ تعالیٰ نے اپنی قدرت سے۔۔۔ زلیخا کو بھی جوان بنا دیا۔" یہ بھنگڑ خانے کی خبریں ہیں، نعوذ باللہ قرآن پاک کے بیان سے ان کا کوئی تعلق نہیں یا غیر مسلم ناقص عورتوں نے یہ قصے گھڑے ہیں۔ مگر مسلمان عورتیں تو ہرگز ہرگز اس قسم کی خرافات کی قائل نہیں ہو سکتیں۔ از روئے قرآن تمام واقعہ عزیز مصر کی زندگی میں پیش آیا اور جب زلیخا حضرت یوسف کے پیچھے بھاگتی ہوئی پکڑی گئی تو اس نے اپنے شوہر سے فریاد کی کہ یوسف اس کی ناموس کے درپے تھے وغیرہ۔

افسوس و تعجب ہے کہ آپ نے اپنے تاریخی اور خواتین کے اصلاحی پرچہ میں ایسی غیر ذمہ دار تحریروں کی اشاعت سے جو خطرناک نتائج برآمد ہو سکتے ہیں اُن کا خیال نہ کیا۔ اس غیر ذمہ داری سے آپ کو آئندہ احتراز کرنا چاہیئے۔

علی گڑھ مرحوم کے شعبۂ معاشیات کے ایک پروفیسر کریم حیدر لودھی گزرے ہیں جن سے بڑا اُن کے زمانے میں اس مضمون کا ہندوستان میں کوئی ماہر نہ تھا اور جنھیں دنیا ڈاکٹر ایل کے حیدر کے نام سے جانتی ہے۔ موصوف متحدہ ہندوستان کی مرکزی اسمبلی کے رکن تھے اور لارڈ لن لتھگو کی صدارت میں (جو بعد میں وائسرائے ہوئے) مقرر ہونے والے شاہی زرعی تحقیقاتی کمیشن اور اس کے بعد مرکزی ٹیکسوں کی تحقیقاتی کمیٹی کے رکن بھی رہے۔

پاکستان کے عام نوجوان تو انھیں کیا جانتے ہوں گے، ہاں جنھیں ادب کا شوق ہے اور جنھوں نے مختار مسعود کا لکھا ہوا ان کا بے مثال مرقع پڑھا ہے، وہ پہچان لیں گے۔ راس مسعود صاحب نے بتایا کہ ڈاکٹر ایل کے حیدر نے انھیں تحریر کیا تھا کہ معاشیات کے پیچیدہ سے پیچیدہ مسائل میں بھی انھوں نے ہندوستان کی کسی یونیورسٹی میں جہاں انگریزی ذریعہ تعلیم ہو، عثمانیہ یونیورسٹی (جس کے قیام میں راس مسعود صاحب پیش پیش تھے) سے زیادہ کسی یونیورسٹی کے طلباء کو کسی سطح کے امتحان میں زیادہ واقف کار نہیں پایا۔ یہ ۱۹۲۴ء کی بات ہے۔

—— ج۔ق (چشمۂ کتاب)

ایک فضول سا انٹرویو

"قومی زبان" بابت ماہ مئی ۱۹۷۰ء میں مرحوم سید امتیاز علی تاج کا جو انٹرویو شائع ہوا ہے اُسے آپ نے ان کی "زندگی کا سب سے معتبر ریکارڈ" قرار دیا ہے۔ مگر افسوس ہے کہ واقعات اور اندازِ بیان دونوں کے لحاظ سے اس میں کئی مقامات محلِّ نظر ہیں۔

یہ انٹرویو اس سے قبل بھی اسی ماہنامہ میں شائع ہو چکا ہے اور اُس کے اس پرچے میں دوبارہ جوں کا توں شائع ہونے، خصوصاً آپ کے اس کے معتبر ترین ہونے کی توثیق کر دینے سے اندیشہ ہے کہ اردو کے طلبا کے دل و دماغ میں بعض اہم غلط فہمیاں راہ پا جائیں گی۔

لہٰذا ذیل کی سطور میں متعلقہ امور کے بارے میں کچھ وضاحتیں پیش کرتا ہوں :۔

۱۔ صفحہ ۶ پر ایک عبارت ہے۔" مولوی ممتاز علی کے سید سجاد حیدر صاحب سے بہت تعلقات تھے اور ان کی بیوی مسز سجاد حیدر گھر کی ایک فرد سمجھی جاتی تھیں۔ اس زمانے میں وہ بنت

ؔ مدیر "قومی زبان" مشفق خواجہ صاحب کے نام ایک خط۔

عبدالباقر کے نام سے مشہور تھیں۔ ان کو پھول کا پہلا ایڈیٹر مقرر کیا گیا۔" سمجھ میں نہیں آتا کہ بنت عبدالباقر "نئے پھول" کا ایڈیٹر مقرر ہونے میں سید سجاد حیدر اور مولوی ممتاز علی صاحب کے "تعلقات" کا کیا دخل تھا کہ ان کا ذکر ضروری سمجھا گیا، خصوصاً جب کہ محترمہ اس وقت تک سید سجاد حیدر کے عقد میں بھی نہیں آئی تھیں۔ یہ ژولیدہ انداز بیان ہے۔ مناسب پیرایۂ اظہار یہ ہوتا کہ "بنت عبدالباقر" پھول کی ایڈیٹر مقرر ہوئیں جو بعد میں" مسز سجاد حیدر" کہلائیں یا اسی قسم کی کوئی اور عبارت جس سے بنت عبدالباقر کی اپنی انفرادی اور دوشیزہ شخصیت کا اظہار ہو جاتا۔

یہ بھی واضح رہے کہ "مسز سجاد حیدر" شادی کے بعد سے مرتے دم تک ادبی حلقوں نیز عرفِ عام میں نذر سجاد حیدر کہلائیں اور شادی سے پہلے بنت نذر الباقر کے نام سے لکھتی تھیں۔" مسز سجاد حیدر" اور "بنت عبدالباقر" اپنی زندگی کے کسی حصے میں نہیں کہلائیں۔ میں نہیں سمجھتا کہ تاج مرحوم نے یہ نام بتائے ہوں گے۔

۲۔ اسی صفحہ پر ہے "سالک صاحب اس زمانے میں آئے تو انھوں نے تاج صاحب کے ذوق کا اندازہ لگا لیا۔ اس دن خیالستان زیرِ مطالعہ تھی۔ اس پر تبصرہ بھی زبانی ہوا۔" میرے اور آپ کے لیے شاید اس عبارت میں زیادہ گنجلک نہ ہو مگر طلباء کے فایدے کے لیے واضح کرنا چاہیے تھا کہ ان دنوں مولانا عبدالمجید سالک شمس العلماء مولوی ممتاز علی کے ادارہ

دارالاشاعت پنجاب سے وابستہ تھے۔ نیز یہ کہ "خیالستان" سید سجاد حیدر یلدرم کے مضامین کے پہلے مجموعہ کا نام ہے"۔ تبصرہ بھی زبانی ہوا "بجا، درست، بے شک ہوا"، لیکن کیا ہرج تھا اگر بر سبیلِ تذکرہ بتا دیا گیا ہوتا کہ تاج مرحوم نے سجاد مرحوم کی اس کتاب پر مقدمہ لکھا تھا، اگرچہ یہ سمجھ میں پھر بھی نہیں آتا کہ "خیالستان" (ظاہر ہے کہ مع تاج مرحوم کے مقدمہ کے) "زیرِ مطالعہ" تھی۔ (کس کے؟ غالباً تاج صاحب کے) تو تاج صاحب کی اتنی ہی حیثیت سے سالک صاحب نے ان کے "ذوق" کا کیسے اندازہ لگا لیا۔ ظاہر ہے کہ تاج صاحب اس حیثیت سے بہت آگے نکل چکے ہوں گے۔ یہ کیا قصہ ہے ہم کیسے معلوم ہو کہ تاج صاحب نے انٹرویو دیتے وقت کیا کہا تھا؟

۳۔ اسی صفحہ پر "بھائی صاحب" کا ذکر ہے بلکہ آگے چل کر بھی مضمون میں جگہ جگہ "بھائی صاحب" کا حوالہ دیا گیا ہے مگر نام کسی صاحب کا نہیں لیا گیا ہے۔ بتانا چاہیے تھا کہ "بھائی صاحب" سے مراد تاج صاحب کے برادرِ معظم جناب سید حمید علی مرحوم تھے جو دارالاشاعت پنجاب کے کاروباری معاملات کے سربراہ تھے۔ اور زندگی بھر لاہور کے پبلشروں اور کتب فروشوں میں پیش پیش رہے۔ صاحبِ تصنیف بھی تھے اگرچہ اپنے نامور چھوٹے بھائی تاج سے اس معاملہ میں ان کا کوئی مقابلہ نہ تھا۔ اخلاق، خاطر مدارات، خوب صورتی، بذلہ سنجی اور رونق محفل ہونے کے لحاظ سے دونوں بھائیوں میں تمیز کرنا مشکل تھا۔ ظاہر ہے کہ

تاج صاحب نے انٹرویو میں ان کا ذکر "بھائی صاحب" کے الفاظ ہی سے کیا ہوگا مگر انٹرویو نگار کا فرض تھا کہ "بھائی صاحب" کے نام کی وضاحت طلب کر لیتے۔

۴۔ صفحہ ۹ پر تاج صاحب کی بیگم صاحبہ اور اردو کی مشہور ادیبہ حجاب کو بہ اصرار سر مرزا اسمٰعیل کی دختر نیک اختر بتایا گیا ہے حالانکہ بے شک نام یکساں تھے مگر حجاب کے والد بزرگوار اور سر مرزا محمد اسمٰعیل دو جدا شخصیتیں تھیں۔ اول الذکر مدراس میں جج تھے اور سر مرزا ابتداءً ریاست میسور میں مہاراجہ کے پرائیویٹ سکریٹری تھے، پھر ترقی کر کے میسور اور بعد میں جے پور اور حیدر آباد دکن کے وزیر اعظم ہو گئے تھے۔

کس نے کہا کہ زبان مطلب ادا کرتی ہے؟ آپ کہیں گے شاعر ہوں اس لیے یہ کہنا چاہتا ہوں کہ آنکھ مفہوم ادا کر سکتی ہے۔ جی نہیں، زبان اور آنکھ دونوں بند رہیں اور اشارہ سے بھی کام نہ لیا جائے تو بھی مفہوم ادا ہو سکتا ہے، بشرطیکہ دل ملے ہوں۔ ورڈسورتھ کے بارے میں پڑھا تھا کہ ایک شام اس نے کولرج کے ساتھ ایسی گزاری کہ کسی نے ایک دوسرے سے بات نہیں کی۔ ورڈسورتھ کا بیان ہے کہ یہ اس کی زندگی کی بہترین شام تھی۔

— ج۔ ق (چشمۂ آفتاب)

"زمانہ" کانپور کے بارے میں ایک سوال

وفا راشدی کے مضمون "داغ اور کلکتہ" (۳) مطبوعہ قومی زبان بابت مئی ۱۹۸۱ء (صفحہ ۱۸) میں لکھا گیا ہے کہ عبدالحلیم عصیمؔ کی زیر ادارت "ہفت روزہ زمانہ کانپور" بہت عرصہ تک نکلتا رہا اور بعد میں "پنڈت دیا نرائن نگم نے اخبار کی کرسی ادارت سنبھالی"۔ زمانہ کانپور ہفت روزہ نہیں ماہنامہ تھا۔ اگر پہلے یہ ہفت روزہ تھا بعد میں ماہنامہ ہوا تو یہ مری معلومات میں اضافہ ہے۔ میں نے جب سے اردو دنیا میں ہوش سنبھالا (یعنی لگ بھگ ۱۹۱۲ء) اسے ماہنامہ ہی پایا اور اس ماہنامہ کی نہ کہ "اخبار" کی ادارت دیا نرائن نگم ہی کو سنبھالتے دیکھا۔

میں آنجہانی نگم سے ذاتی طور پر خوب واقف تھا' (د) کے پاس اناؤ سے کانپور آیا گیا تھا اور جناب جعفر علی خاں اثرؔ لکھنوی، جگت موہن لال رواںؔ، ثاقبؔ کانپوری وغیرہ کے ساتھ ہماری نشستیں

مدیر "قومی زبان" کے نام ایک خط۔

رہیں، اُردو شعر و ادب، اور اخبارات و رسائل کے تذکرے رہے ہیں کبھی انھوں نے بھی نہ بتایا کہ کسی زمانے میں ان کا پرچہ " اخبار" تھا اور "ہفت روزہ"۔ شاید آپ وفا صاحب سے رجوع کرنا مناسب سمجھیں۔ میں نے پہلے ہی عرض کیا اگر ان کا بیان صحیح ہے تو میری معلومات میں اضافہ ہے ورنہ تاریخی غلط بیانی اتنی بے باکی سے تو نہ ہونی چاہیئے۔

پاکستان میں یہ مرض عام ہے۔ مگر انجمن کو اس معاملے میں احتیاط ضروری ہے۔ آپ مجھ سے زیادہ سمجھ سکتے ہیں کیوں؟

جلیل قدوائی کے کچھ دیگر علمی مضامین کا مجموعہ

جلیل قدوائی کے کچھ علمی مشاہدات

مصنف : جلیل قدوائی

بین الاقوامی ایڈیشن جلد منظر عام پر آرہا ہے